易地扶贫搬迁移民可持续生计研究

何 瑾 著

中国农业出版社
北 京

图书在版编目（CIP）数据

易地扶贫搬迁移民可持续生计研究 / 何瑾著. —北京：中国农业出版社，2024.1
ISBN 978-7-109-31552-5

Ⅰ.①易… Ⅱ.①何… Ⅲ.①移民—扶贫—研究—中国 Ⅳ.①F124.7

中国国家版本馆 CIP 数据核字（2023）第 240240 号

中国农业出版社出版
地址：北京市朝阳区麦子店街 18 号楼
邮编：100125
责任编辑：郑 君 文字编辑：张斗艳
版式设计：小荷博睿 责任校对：吴丽婷
印刷：北京中兴印刷有限公司
版次：2024 年 1 月第 1 版
印次：2024 年 1 月北京第 1 次印刷
发行：新华书店北京发行所
开本：700mm×1000mm 1/16
印张：10.75
字数：155 千字
定价：68.00 元

本书为2022年湖北省社科基金一般项目（后期资助项目）“易地扶贫搬迁移民可持续生计研究”（项目编号：HBSK2022YB446）和2022年湖北省教育厅哲学社会科学研究项目（青年项目）“乡村振兴战略背景下易地扶贫搬迁农户可持续生计研究”（项目编号：22Q209）的最终研究成果。

本书获得2022年湖北第二师范学院学术著作出版项目的资助。

Contents

目录

第一章　导论

第二章　生计起点：搬迁移民生计状况和政策资源

第三章　生计策略：搬迁移民资产建设过程性分析

第四章　生计安排：搬迁移民差异化生计选择

第五章 生计结果：生计改善与生计风险并存

第六章 结论与讨论

第一章 导论

脱贫攻坚以来，易地扶贫搬迁作为“五个一批”的重要内容，其政策设计与实践推进受到社会各界关注。易地扶贫搬迁政策与实践暗合了空间贫困理论的政策期许，旨在通过空间置换，优化贫困群体的生存空间和生计资本，从而形成生计的可持续发展。“十三五”时期，我国针对建档立卡的近 1 000 万贫困人口实施易地扶贫搬迁，搬迁任务和后续发展压力不容小觑。在脱贫攻坚背景下，政府从人力、物力、财力多方面全力支持易地扶贫搬迁，提供了较好的基础设施和公共设施及服务。截至本书成稿时，易地扶贫搬迁工程中的搬迁任务和脱贫任务已经基本顺利完成，生计发展和社会融入等问题成为后续发展重点。

随着易地扶贫搬迁实践的推进，学界关于易地扶贫搬迁的研究也逐渐兴起。2016 年以来，我国易地扶贫搬迁相关研究在文献数量上有了较快的提升，研究侧重点主要在经验总结、搬迁成效和搬迁后续发展路径方面。从 20 世纪 80 年代至今，搬迁实践中的移民生计发展一直是政策设计者、政策推进者和移民群体自身最关心的问题。目前，国内农户生计研究涵盖了社会学、经济学和地理学等领域，应用可持续生计理论框架分析生态移民、失地农民、易地扶贫搬迁移民等弱势群体的生计发展问题。从国内外学界的研究成果来看，可持续生计理论已经形成了一套较为成熟的框架体系，为学界深化贫困治理和移民生计发展研究提供了重要参考。

目前，我国易地扶贫搬迁已进入后续发展阶段。易地扶贫搬迁移民生计发展与社会融入以及安置社区治理问题已成为后续扶持阶段的关注焦点。易地扶贫搬迁实践旨在生存空间置换的基础上，通过政策扶持增强贫困群体的自我发展能力，从而实现其生计可持续性发展。但在具体实践过程中，仍面临着产业发展、移民生计适应、贫困群体内生能力提升等方面的挑战。本研究立足于易地扶贫搬迁移民生计发展的现实问题，在可持续生计理论视角下，聚焦案例社区移民的生计发展过程，力求梳理总结区域性易地扶贫搬迁移民生计发展模式，提出易地扶贫搬迁移民生计可持续发展思路。

一、研究背景及意义

（一）研究背景

易地扶贫搬迁实践在我国已有30多年的历史，前期的实践经验为脱贫攻坚期的易地扶贫搬迁政策设计和实践推进提供了有益的借鉴和改进的思路。20世纪80年代，我国“三西”地区启动“吊庄移民”，实施了自改革开放以来首次有组织的易地扶贫搬迁实践。起源于“吊庄移民”的易地扶贫搬迁，使许多贫困人口的生存环境和生计问题得到改善，成为在环境保护基础上解决贫困问题的有效途径之一（王晓毅，2016）。随后，易地扶贫搬迁逐渐成为我国扶贫战略实施的重要举措，用以解决空间贫困地区贫困人口脱贫问题。1994年，《国家八七扶贫攻坚计划》首次在国家层面提出开发式移民。2001年，《中国农村扶贫开发纲要（2001—2010年）》首次提出自愿移民搬迁，对于不适宜生存发展的贫困人口，结合退耕还林等政策实行易地扶贫搬迁。自2001年易地扶贫搬迁工程试点以来，我国易地扶贫搬迁实践以改变居住空间为起点，通过各种扶持政策加强社会资源供给和贫困群体内生发展能力提升，极大地改善了贫困群体的生存环境和生计发展。2011年，《中国农村扶贫开发纲要（2011—2020年）》进一步提出实施易地扶贫搬迁工程，在概念上建立搬迁与扶贫的联系。2016年，《全国“十三五”易地扶贫搬迁规划》提出进一步开展易地扶贫搬迁，完善后续扶持政策，实现约1 000万建档立卡贫困人口“应搬尽搬”和稳定脱贫。

“十三五”期间，我国易地扶贫搬迁工程累计建成集中安置区约3.5

万个，其中城镇安置区 5 000 多个，农村安置点约 3 万个；960 多万贫困群众迁入了新居，其中城镇安置 500 多万人，农村安置约 460 万人。[①]“十三五”时期的易地扶贫搬迁集中安置方式更加多样，以村内就近安置和小城镇或产业园区安置为主。同时，国家加大了对易地扶贫搬迁后续扶持的力度，提出了“挪穷窝”与“换穷业”并举原则，同步推进搬迁安置与产业发展。一方面，支持发展特色农牧业、劳务经济、现代服务业等带动脱贫致富；另一方面，探索资本收益扶贫、社会保障兜底等方式，拓宽搬迁对象稳定增收渠道。总的来说，有劳动力的搬迁移民家庭实现了至少 1 人就业目标，搬迁群体的收入水平得到显著提升。2020 年 12 月，我国“十三五”易地扶贫搬迁任务已全面完成，960 多万易地扶贫搬迁贫困人口全部脱贫胜利在望。

湖北省是实施易地扶贫搬迁工程的重点省份之一，搬迁任务将近占全国的十分之一。国家发展和改革委员会（2019）指出，脱贫攻坚期湖北省易地扶贫搬迁工作特点可以概括为“四个五”：一是“五到县”，即项目到县、资金到县、招投标到县、管理到县、责任到县；二是“五统一”，即统一规划、统一建设、统一监管、统一分配、统一验收；三是“五靠近”，即靠近中心村、靠近集镇、靠近生态旅游区、靠近产业园区、靠近城区进行安置；四是“五条线”，即在对象精准、住房面积标准、项目资金管理、不因搬迁而举债、建新拆旧方面的政策边界。湖北省易地扶贫搬迁以集中安置为主，“十三五”期间，全省共建成安置区 10 359 个，其中集中安置 25.37 万户 67.47 万人，分散安置 6.42 万户 20.76 万人。[②] 目前，湖北省已经全面完成“十三五”时期 31.84 万户 88.23 万人的搬迁任务，实现了搬迁群众全体脱贫。在实施易地扶贫搬迁过程中，湖北省各市、县主要通过发展扶贫产业、建设扶贫车间、加大技能培训等举措，促进搬迁群众的

---

① 中国政府网．国务院新闻办就易地扶贫搬迁工作情况举行发布会［EB/OL］．（2020-12-03）［2021-01-05］．http：//www.gov.cn/xinwen/2020-12/03/content_5566758.htm.

② 中国新闻网．湖北全面完成“十三五”时期易地扶贫搬迁任务［EB/OL］．（2020-11-26）［2021-01-05］．https：//baijiahao.baidu.com/s?id=1684426064220367559&wfr=spider&for=pc.

生计发展。

随着易地扶贫搬迁建设和搬迁任务的完成，易地扶贫搬迁重心逐渐转向后续扶持，生计可持续成为后续稳定脱贫的关键。步入后搬迁时代，易地扶贫搬迁移民的稳定脱贫与可持续发展已成为当今社会发展的重要议题。在新型城镇化、脱贫攻坚和乡村振兴的现实背景下，易地扶贫搬迁移民可持续生计研究力求回应以下问题：脱贫攻坚期易地扶贫搬迁政策背景下移民的生计起点有何特点，奠定了怎样的生计发展基础？在政策落地过程中，易地扶贫搬迁移民的生计资本如何发展积累，形成了怎样的生计策略？目前案例社区呈现的生计发展情况如何？步入全面推进乡村振兴阶段，如何保障易地扶贫搬迁移民生计可持续，进而实现巩固拓展脱贫攻坚成果同乡村振兴有效衔接？

（二）研究意义

1. 理论意义

首先，丰富了可持续生计分析框架的理论内涵。可持续生计分析框架是一种较为宏观的分析框架，将其运用于实际问题分析，需要对其进行一定的修正。既往研究中对分析框架中生计资本、生计策略等核心概念的分析较为简化和一般化，也没有进一步在分析框架中建立生计资产建设与生计资本、生计策略以及制度方面的联系。本研究运用可持续生计分析框架，基于实地调研梳理了案例社区移民生计发展的起点、过程及目前呈现的结果，一定程度上展现了区域性易地扶贫搬迁移民生计发展全貌。总的来说，本研究从易地扶贫搬迁移民生计起点出发，分析资产建设过程中影响移民生计发展的关键因素，探析生计策略的主要类型及其特点，以此检验理论的实践效果并拓展理论的内涵和深度。

其次，拓宽了可持续生计理论的研究领域。既有研究中，不少学者运用可持续生计理论研究移民生计问题，其研究对象主要为库区移民、生态移民、灾害避险型移民。也有学者定量分析易地扶贫搬迁移民生计问题，但对于易地扶贫搬迁移民生计资产建设以及生计策略变化的过程性分析较为少见。总的来说，目前易地扶贫搬迁移民可持续生计研究较少且研究深度不够。本研究运用个案研究方法，以案例社区易地扶贫搬迁移民为研究对象，结合巩固拓展脱贫攻坚成果同乡村振兴有效衔接的时代背景，研究易地扶贫搬迁移民可持续生计问题，拓展可持续生计研究领域的深度和广度，为构建易地扶贫搬迁移民可持续稳定脱贫机制奠定基础。

2. 实践意义

首先，有利于指导城镇化安置模式下易地扶贫搬迁移民的生计发展问题。易地扶贫搬迁安置模式主要分为村内安置模式与城镇化安置模式。城镇化安置模式下易地扶贫搬迁移民面临生计转型发展的现实要求。在案例社区，面对当地政府和安置社区提供的产业就业机会，搬迁移民基于自身条件、家庭结构特征和发展意愿做出了不同的选择。但是，政府安排的生计发展方向难以满足也不可能满足所有搬迁移民的发展需求。不同年龄、不同教育程度、不同家庭背景的搬迁移民有着各异的发展诉求，后续生计发展政策应从低收入家庭着手，围绕其生计资本条件和发展意愿，开展针对性的生计帮扶。基于此，本研究分析了案例社区搬迁移民的生计策略转变和现存生计风险，为后续制定易地扶贫搬迁移民家庭差异化生计政策、促进易地扶贫搬迁移民生计稳健发展提供了新的思路。

其次，有利于探索易地扶贫搬迁后续发展路径。随着我国脱贫攻坚的深入，易地扶贫搬迁移民生计能否可持续，直接关系到是否能够实现“搬下来、稳得住、能致富”的发展目标。脱贫攻坚以来，城乡建设用地增减挂钩政策与易地扶贫搬迁工作相衔接，用以解决扶贫开发用地和资金问题。在国家政策引领下，各地出台相关政策支持土地增减挂钩与易地扶贫搬迁相衔接，易地扶贫搬迁城镇化安置比例也因此有所提升。在此背景下，离开农村的易地扶贫搬迁移民尽管生活在城市社区，却不会一夕之间成为“市民”，土地、乡村社会、农业生产仍与搬迁移民的生产生活息息相关。实际生活中，搬迁移民面临生计转型、人际适应、市民化等现实问题，如何帮助搬迁移民在农村和城市的夹缝中走上可持续发展之路，实现其生计融入和社会融入是亟须思考的问题。目前，易地扶贫搬迁移民生计研究处于起步阶段，多数研究基于生计资本、生计策略展开定量分析，相关定性分析较为少见。本研究采取个案研究方式，以湖北省 Q 安置社区为例，深入了解当地搬迁移民生计发展现状，分析搬迁移民生计资产建设特点、生计策略转变及现存生计风险，为推进易地扶贫搬迁后续发展以及巩固拓展脱贫攻坚成果同乡村振兴有效衔接提供现实依据。

二、文献综述

（一）易地扶贫搬迁研究

易地扶贫搬迁作为脱贫攻坚“五个一批”重要内容之一，其扶贫实践是扶贫开发与生态环境保护的有机结合。由于空间因素成为制约贫困群体生存发展的重要因素，受空间贫困理论启发，易地扶贫搬迁政策旨在改变致贫的空间因素，实现贫困群体生计空间和空间资本的重塑（邢成举，2016）。随着 30 多年搬迁实践的探索推进，国家层面的制度设计不断改进完善，易地扶贫搬迁政策与实践已成为我国农村贫困地区实现精准脱贫的重要举措之一。当前，我国易地扶贫搬迁相关研究涵盖了政治学、经济学、管理学、社会学等众多学科领域的研究视角，已有研究主要集中于易地扶贫搬迁实践的搬迁原因及搬迁影响因素、搬迁安置、后续发展、效益评估 4 个方面。

1. 有关搬迁原因及搬迁影响因素的研究

易地扶贫搬迁是一项涉及经济、社会、文化、环境等多维因素的贫困治理实践。在此背景下，贫困群体的搬迁涉及收入、生计、教育、医疗等多重原因。此外，政府主导下的易地扶贫搬迁实践也受政策设计、基层治理能力等多重因素影响。

一是搬迁原因分析。易地扶贫搬迁对象原居住地环境恶劣、生产条件较差，在政府动员和自身发展意愿的双重作用下，贫困群体做出了搬迁的选择，希望通过搬迁以及后续的产业就业扶持实现脱贫发展。曾小溪等（2017）认为，生存条件恶劣、自然灾害频发、收入水平低下、上学就医困难、住房条件较差等是贫困人口搬迁的主要原因。施国庆等（2018）发现，年龄、性别、家庭人口、教育水平、人均纯收入、生态环境、宗教信仰、亲邻态度、村干部态度等均对农户的移民意愿具有影响作用。

二是搬迁影响因素研究。易地扶贫搬迁政策制定及其实践推进受到诸多因素的影响。程丹等（2015）从宏观层面出发，指出其影响因素可分为一般性因素和政策性因素，其中一般性因素指人力资本、物质资本、社会资本和公共服务，政策性因素指政府在推进易地扶贫搬迁工程时采取的方案。叶青等（2016）指出易地扶贫搬迁实践受到政策设计精准度、贫困主体间互动、资源对接效率、移民群体社会融入以及内生发展动力等微观因素的影响。

2. 有关搬迁安置的研究

搬迁安置主要涉及易地扶贫搬迁对象选择、易地扶贫搬迁安置模式等方面，关乎搬迁后移民的生计发展和社会融入等问题。目前，有关易地扶贫搬迁安置的研究主要集中在搬迁对象、搬迁安置主体和安置模式等方面。

一是易地扶贫搬迁对象选择分析。脱贫攻坚期的易地扶贫搬迁政策相较于之前，政策惠民力度更大，搬迁移民能够得到更多的住房补贴、更优质的基础设施和公共服务，以及更多的产业就业机会。这一时期的扶贫开发以精准扶贫、精准脱贫为目标，对易地扶贫搬迁对象自然也有着严格的要求。一方面，顶层设计中规定易地扶贫搬迁对象必须是生存条件恶劣地区的建档立卡贫困人口。另一方面，对象识别的过程中存在偏差问题。李博等（2017）发现，这种识别偏差主要由农村熟人社会的各类人情关系和村级治理不健全等原因造成。刘伟等（2018）认为，这种识别偏差的原因在于扶贫实践中的“收入贫困”与移民搬迁瞄准机制存在错位，当前瞄准对象涵盖了更为多样的贫困类型。

二是易地扶贫搬迁安置主体分析。易地扶贫搬迁的安置主体主要包括政府、企业和贫困户等。王金涛等（2016）认为，政府可利用行政管理手段、网络舆论等进行搬迁动员，政府主导下的易地扶贫搬迁通常规模大且速度快。林志斌（2006）指出中国的非自愿移民和自愿移民都是由政府组织的，随着政府和公民社会逐步认识到人们的选择权，即自己选择自己的生计和生活的权利，政府会更加重视非自愿移民群体的意愿和他们移民后的生计发展问题。赵昌文等（2000）提出，企业介入的搬迁模式能够帮助移民进行统一的农业开发、生产和经营管理。这种模式下，企业负责安置移民和后续产业发展，能发挥市场的资源配置优势，有助于提升贫困群体市场参与率。文冰等（2005）认为，生态移民实践中的移民自主搬迁以投亲靠友为主要形式，搬迁移民多有较强的内生动力和良好的生产技能。这种搬迁模式下，贫困群体自主脱贫发展意识强，能够把政策扶持与自身发展较好地结合起来，脱贫效果较好。

三是易地扶贫搬迁安置模式研究。易地扶贫搬迁的安置模式，从区域划分来看，主要有村内安置模式、乡镇中心安置模式、县城安置模式等；从迁入方式来看，有集中安置和分散安置。赵姚阳等（2020）研究了不同搬迁模式对移民生计资本的影响及其差异，研究发现：不同搬迁模式对移民生计资本的提升效果存在明显差异，其排名从高到低依次为依托工业园区集中安置、就近分散建房安置、行政村内就近集中安置和依托小城镇集中安置。

3. 有关易地扶贫搬迁后续发展的研究

易地扶贫搬迁是政府主导下的空间重构，易地扶贫搬迁移民的生产生活方式、社会交往范围等因此产生较大的变化，搬迁移民群体面临着生计转型困难、社会融入困难等问题。

一是生计发展研究。严登才等（2011）研究了水库移民的生计发展，认为可持续生计是指搬迁后，通过自我发展能力和政府的有效干预，至少保持生活水平不低于搬迁前。束锡红等（2017）研究了宁夏生态移民生计变迁，指出部分移民的生计资本系统不完善、质量不高，仍主要依靠自然资本和物质资本发展传统农业生产；而有些移民则更会利用政策，从而获取更多的人力资本、社会资本和金融资本，得以发展非农活动或农业和非农业相结合的兼业生计活动。

二是社会适应与社会融入研究。吴晓萍等（2020）发现，不同个体特征的易地扶贫搬迁移民存在经济适应的显著差异，移民社区环境与搬迁方式对移民的经济适应产生深刻影响，政府的后续帮扶能显著提升移民的经济适应水平。张昆（2020）通过对东乌珠穆沁旗草原生态及牧民生计的田野调查发现，在生态政策执行期间，大多数牧民采取消极观望态度，被动保护环境的同时以主动求变的家庭策略积极寻求发展，同时牧民多样化的适应策略又反作用于草原生态，弱化了环境政策的执行效力。黎洁（2016）发现，移民搬迁后会调整其生计策略，采取非农专业化和传统生计专业化策略的农户的恢复状况要好于采取补贴依赖、生计多样化策略的农户。杨甫旺（2008）进一步研究发现，有些移民搬迁后会调整其原有生产生活方式，改变或放弃宗教信仰和风俗习惯，以适应融入当地社会。还有一些学者进一步针对女性移民、老年移民的社会融入问题展开研究。张会萍等（2021）通过定量研究发现，搬迁促进了女性移民的生计多样化，但其经济适应和心理适应情况并不理想。张富富（2021）发现，对于适应能力较弱的老年移民来说，受限于自身的年龄、健康状况、文化水平、收入水平等因素，其社会融入面临着更多的挑战。

三是社区治理研究。在易地扶贫搬迁安置社区治理研究中，主要体现了两种思路。一方面，从宏观社会变迁层面，探究制度变迁下的安置社区治理结构样态。邹英等（2017）认为政策主导下的空间变革意味着搬迁移民市民化的困境和治理策略的转换。吴新叶等（2018）从易地扶贫搬迁的制度设计层面，分析易地扶贫搬迁安置社区治理紧张的原因、表现及正式制度推行的路径依赖，又从微观层面探寻多元治理主体之间的博弈机制。马良灿等（2019）认为安置社区治理的实践形态主要表现为行政主体和移民群体围绕关涉社区生存发展的重大事件而展开的互动博弈过程。渠鲲飞等（2019）认为政府与社区在易地扶贫搬迁中可通过协同治理下的空间再造构建长效脱贫机制，具体体现为政府与社区的协同、社区间的协同以及社区内部个体间的协同。相关研究表现出两种倾向：①进一步拓展社区治理的内涵和外延，社区善治已成为蕴含稳定脱贫、社会融入、可持续发展等方面的综合性治理目标；②逐渐凸显社区空间再造在减贫和治理中的作用。

4. 有关易地扶贫搬迁效益评估的研究

效益评估是对扶贫工作的量化考核，是衡量政策实施成功与否的重要标准。当前，相关研究主要分为评估指标体系建设研究和评估结果分析两大类。

一是易地扶贫搬迁效益评估指标体系建设研究。既有研究提出的评价指标大都较为宽泛模糊，缺乏相对统一的评估标准和评估指标体系。孔令强（2006）把易地开发性移民扶贫综合效益评价指标归纳为经济扶贫效益指标、持续发展效益指标、生态环境效益指标和社会整合效益指标。许源源等（2018）经综述研究发现，多数研究者认为易地扶贫搬迁效益评价指标应遵循多目标、多维度的综合评价原则。张世勇（2017）进一步提出观点，易地扶贫搬迁移民脱贫是一个长期的过程，因而反映易地扶贫搬迁成效的指标应具有长期性、系统性和综合性。

二是易地扶贫搬迁效益评估结果分析。当前我国易地扶贫搬迁政策取得了较为显著的成效，但也存在政策执行偏差等问题。白南生等（2000）发现，在“三西”等地区实施的易地扶贫搬迁工程有效提升了贫困群体的收入和农业产出，缓解了迁出地的耕地紧张情况，还在一定程度上促进了搬迁移民生活观念的更新。陈胜东（2016）通过生计资本变化情况考察赣南地区易地扶贫搬迁的减贫成效，研究表明易地扶贫搬迁工程的减贫成效较为明显。董运来等（2021）经综述研究发现，易地扶贫搬迁政策对农户的减贫效果较为显著，但也存在政策执行偏差问题；对此，一些学者针对提升易地扶贫搬迁政策精准性及实效性提出了政策建议。

（二）可持续生计研究

1. 国外可持续生计研究

随着可持续生计相关议题的拓展，近年来国外学者研究主要集中在农户生计研究、移民生计研究、生计影响因素研究和减贫策略研究 4 个方面。总体来说，国外相关研究拓展了理论内涵和理论应用范围，取得了较为丰硕的成果。

在农户生计研究方面。近年来，国外农户生计研究领域主要集中在农牧业、渔业、矿业等领域。Kamwi（2015）评估了土地利用和土地覆盖变化对纳米比亚赞比西河地区农民生计的影响，结果表明，受各种因素影响的应对策略的变化导致了自然资源使用的减少，这表明国家干预可以在促进自然资源的可持续利用方面发挥重要作用。Peng 等（2017）根据中国密云水库流域 756 户家庭的收入分配对家庭生计策略进行了分组，研究表明，当地农民的生计策略可以分为三类：农业、本地非农和劳务移民，地理位置、自然资本、家庭结构、劳动力素质和生态政策是影响农民生计策略选择的主要因素。Lan 等（2021）以中国呼伦贝尔草原 427 户农户为样本的生计研究发现，生计资本持有对牧民家庭当前和未来的生计策略选择具有显著影响，其中社会资本所有权、地理优势和生产资本（包括自然资本、物质资本和金融资本）对牧户当前生计战略有显著影响，但对未来生计战略影响不显著；人力资本和信息资本对牧民家庭当前和未来的生计策略均有显著影响。Sok（2015）分析了影响柬埔寨湄公河下游流域农户可持续生计的关键因素，研究表明，农户获得可持续生计的五项资本的机会有限；由于洪水、干旱和较高的粮价，农户对冲击和压力的适应能力较低；农户对自然资源减少的适应能力也很弱。Apine 等（2019）以可持续生计方法作为分析工具，评估锯缘青蟹成为印度西南部可持续生计资源的潜力，研究结果显示，虽然锯缘青蟹被认为是该地区的一项良好收入来源，但由于渔获量难以预测，且缺乏土地和财政资源保障，目前还不被认为是一项稳定的收入来源。Kelsey（2017）研究采矿对山区农户生计的影响，发现安第斯山脉的采矿活动正在通过改变传统生计所依赖的水质、水量和土地保有权，以及通过在矿业社区创造新的就业机会来改变当地生计，他进一步指出，后续应该更深入地关注生计变化中的性别、种族等特征，以及在不同的采矿管理体制（例如国营、私营、合作社经营）下生计发展的差异性。

在移民生计研究方面。目前，多数研究聚焦于由大坝建设、采矿和旅游业等开发活动以及生态环境恶化所导致的移民安置。Morrissey（2013）认为生态环境恶化和资源短缺等因素制约了居民生计，从而引发了发展中国家的生态移民。一些研究表明，搬迁安置对移民生计的影响可能是灾难性的（Colson，1971；Cernea，1997；Scudder，2012）。移民群体从维持原有生计方式的地区迁往工作机会有限、丧失维持生计能力的城市地区，往往面临就业等方面的不安全感，其中老年移民群体更加难以获得稳定和充分的就业。Tong 等（2017）通过中国案例研究证实了这一点，其研究结果表明 18～30 岁年龄组的失业率为 3.3%，31～50 岁年龄组的失业率为 5.9%，51～60 岁年龄组的失业率为 26.1%，60 岁以上年龄组的失业率为 68.9%。Patel 等（2015）研究印度某个安置社区发现，搬迁后社区内部学生辍学率达到 18%。搬迁后，移民的物质资本改善情况一般较好。但也有例外，Mteki 等（2017）研究坦桑尼亚由机场扩建推动的安置实践案例发现，重新安置前，95%的人能够使用电力，而重新安置后，这一比例仅为 8%。一些研究显示，随着时间的推移，传统仪式和习俗的类型和数量也发生了显著变化，即移民原有的文化传统发生了改变。Choy（2004）研究马来西亚大坝开发项目发现，由于移民忙于赚钱和融入更现代化的社会，传统的“ngajat”（一种传统的欢迎舞蹈）已不复存在。Kingston 等（2010）研究阿拉斯加国王岛社区案例表明，由于村庄已经融入了一个更现代的社会，讲英语的好处变得更加明显，原有语言已经逐渐丧失，年轻一代现已不会说方言。随着全球环境和气候的变化，由气候引致的搬迁安置、搬迁移民生计可能成为后续研究重点。Piggott - McKellar（2020）等评估 203 个安置社区的生计发展情况，研究发现物质资本状况有所改善，自然资本、社会资本、金融资本、人力资本和文化资本状况自搬迁后处于被削弱的状态，基于此，他们认为未来搬迁安置应更多考虑土地和补偿、生计资本获取途径、“社区”内脆弱性的交叉点、文化资产建设以及移民参与性方面的问题。Call 等（2019）关注基于自然资源的生计政策和干预措施中的性别差异性问题，研究发现旨在提高生计恢复力的现有举措未能减少性别差异和改善妇女生计，在设计可持续生计政策和干预措施时应更加注意性别问题，以增加采纳和参与、谈判取舍、改善环境条件和促进广泛有益的福利成果。

在生计影响因素研究方面。相关研究主要集中在公共政策、产业和企业发展对农户生计发展的影响。Karki（2013）以尼泊尔巴尔迪亚国家公园为例，分析区域保护措施对可持续生计的影响，研究发现，这些影响取决于家庭特征、获得先前资本的机会以及家庭在社会中的地位。Daur（2016）分析并解释了森林治理对苏丹依赖森林的生计发展模式的影响，研究发现，分配不均的森林资源获取和体制安排是导致贫困和环境退化的因素，应将农村生计脆弱性与可持续性参数相结合以完善当前森林管理模式。Dirk（2017）分析政策环境对沿海可持续生计的影响，通过梳理农户在多变的政治、经济、社会和环境条件下做出的生计选择，提出沿海资源治理需要更加顺应当地现实，并开辟渠道促进生计积极发展等建议。Zada（2019）评估巴基斯坦开伯尔-普赫图赫瓦中小企业在减少贫困和促进农村生计方面的潜在作用，研究表明，中小企业与农村社区生计的改善之间有很强的正向联系，且中小企业对物质资本、金融资本、人力资本、社会资本和自然资本都有积极影响。

在减贫策略研究方面。学者从可持续生计视角分析农户贫困根源，并提出相应生计策略以推进减贫成效。Richard（2014）以印度尼西亚西苏门答腊 25 个贫困渔业社区为研究对象，基于可持续生计视角分析了制约贫困渔民生计发展的因素。Fred（2015）探讨非洲加纳农村居民生计问题，指出农户的空间区位、人口因素、教育水平和消费生产者价格差异是农户福利的最主要决定因素，需要培养农村家庭的创业技能，以获得有报酬的就业机会，以形成更稳定的生计多样化行为并促进减贫。Mhonger（2016）利用可持续生计方法评估津巴布韦政府两个机构向未成年少女提供的过渡服务，研究表明，机构服务没有满足她们的生计需要，需要加强服务和支持以促进贫困少女生计可持续发展。Liu 等（2018）对中国阿坝州民族聚居贫困地区进行可持续生计评估，结果表明，自然资本（平均价值1.56）具有明显的优势，而物质资本（平均价值0.56）、金融资本（平均价值0.78）和人力资本（平均值0.93）较低，限制了将生态资源优势转化为经济发展的速度。Micheal（2017）研究失地农民可持续生计问题，指出失业、粮食短缺、疾病以及公共服务供给不足等因素加剧了失地农民的生计风险。Yaw（2019）的研究旨在评估生态旅游对加纳当地社区家庭生计的影响，研究表明生态旅游有助于减贫，建议使用生计框架来捕捉生态旅游对家庭生计的各种影响，以帮助公园和社区将稀缺资源集中用于解决生计发展问题。

2. 国内可持续生计研究

我国相关研究起步相对较晚，主要是在国外可持续生计理论以及分析框架基础上，重点围绕农户可持续生计、失地农民可持续生计、移民可持续生计以及贫困治理等方面展开研究，研究内容侧重于生计资本与生计策略分析。

农户可持续生计研究方面。相关研究主要涉及了不同地域背景下各类农户发展生计活动过程中的生计资本和生计策略分析。生计资本是可持续生计理论的核心内容，生计资本的类型和结构导致不同生计策略从而产生不同的生计结果。学术界普遍将生计资本划分为自然资本、物质资本、人力资本等五大类，也有学者细化了生计资本分类，从文化资本、心理资本、信息资本等多维度进行分析。刘文佳等（2019）利用从甘肃省张掖市取得的调查数据，构建了包含自然资本、物质资本、人力资本、金融资本和社会资本的农户生计资本评价指标体系，以此分析农户生计能力的变化。李明等（2021）认为，在构建以国家公园为主体的自然保护地体系建设进展中，应从生计视角对草地畜牧业进行全新审视，探索通过草地畜牧业发展进一步改善牧民生计环境，增加牧民的生计资本，优化牧民的生计策略。郭秀丽（2018）以内蒙古自治区杭锦旗为例，量化分析了典型沙漠化地区农户的生计资本和生计策略，研究发现，当地生计资本和生计策略具有区域差异性，生态政策是促使产生区域差异的重要因素。随着农村留守群体的增多，妇女生计成为研究者关注的议题。孟祥丹等（2020）发现，在遭遇“资本下乡”所引发的大规模土地流转后，留守妇女试图通过能动性构建自身劳动在照料家庭中的重要意义，以“家庭本位”为策略获取平等地位，但这种尝试面临家庭生计上的压力和家庭内部有偿劳动的忽视。

在失地农民可持续生计研究方面。当前相关研究主要是量化分析失地农民的生计资本、生计策略和生计政策。丁士军（2016）运用对江西九江和湖北襄阳失地农民的调研数据，在可持续生计分析框架下分析失地农户的生计能力变迁。杨琨、刘鹏飞（2020）经定量研究发现，当前大部分失地农户家庭可以实现生计维持目标，但距离实现生计可持续发展还存在一定差距；生计多样性与家庭劳动力就业率在可持续生计评价中占有较大权重，其中生计多样性是样本区失地农户可持续生计评价结果差异性的主要来源；人力资本、物质资本、金融资本以及社会资本的积累对生计可持续发展的改善具有不同程度的积极作用。黄建伟等（2017）经研究发现，就业政策、创业政策、补偿政策、社保政策的满意度排序和重要程度排序完全相反，其中满意度最低的就业政策反而是失地农民生计政策群中最为重要的一项。

在移民可持续生计研究方面。国内学者主要关注的是库区移民、生态移民、灾害避险型移民以及易地扶贫搬迁移民的生计发展问题。一是库区移民可持续生计研究。涂晶（2017）以潜江市南水北调移民村为例，研究发现当地移民后续贫困原因主要是因病致贫和精神贫困，其中精神贫困主要表现在“特殊公民”心态、惧怕风险等方面。王瑞芳等（2021）研究1966年至1985年间的丹江口水库淅川库区移民返迁与政府应对，研究发现，安置区“推力”与迁出区“拉力”形成的“合力”促使部分移民返迁，其中“推力”的作用更大，主要是由于当时没有处理好移民生计发展、社会文化融入方面的问题。二是生态移民可持续生计研究。冯伟林（2017）用样本调查法对陕西省安康市农户进行入户调查，通过比较搬迁户与非搬迁户生计资本、生计策略及生计后果，探求搬迁工程对生态移民生计水平的影响。王晓毅等（2017）研究发现，在宁夏回族自治区政府大力支持下，当地贫困人口在移民后收入普遍增加，但移民仍然是一个十分脆弱的群体，移民村庄仍然是贫困发生率比较高的地区，需重点关注移民村社会治理问题以及一些特定人群的就业问题。杨国涛等（2020）利用2017年六盘山片区548户农户家庭微观调研数据，研究移民户与非移民户的家庭资本变化情况，指出生态移民工程的实施使得农户总资本得到显著的提高，同时改变了农户的资本持有结构。三是灾害避险型移民可持续生计研究。黎洁（2017）利用陕西安康600多份农村入户调查资料，研究移民搬迁工程实施五年之后移民生计选择情况，研究表明移民出现了比较明显的非农化倾向，搬迁时间、农村土地流转政策促进了移民的生计转型。四是易地扶贫搬迁移民可持续生计研究。相关研究主要集中于搬迁前后生计资本和生计策略变化情况以及相关政策建议。徐锡广等（2018）经实证研究发现，外出打工是当地移民的主要收入来源，移民收入较搬迁前已有一定提高，但仍属较低水平，此外，搬迁后移民生计资本程度不高、资本积累能力受损。刘伟等（2019）运用陕西安康市部分区县的657份农户调研数据，实证分析和评估易地扶贫搬迁移民的生计恢复力及其影响因素，结果表明，搬迁类型对移民生计恢复力表现出显著的负向作用，资本积累水平以及公共服务可及性等均是移民提升生计恢复力的前提和基础。赵姚阳等（2020）对湖北省五峰县四种搬迁模式下移民生计资本情况进行了比较研究，结果表明，总体上易地扶贫搬迁是提高移民生计资本的有效途径，不同搬迁模式对移民生计资本的提升效果存在明显差异。周强等（2020）认为移民生计资本积累情况是影响其生计可持续发展的根本原因，并在此基础上分析了生计资本、生计可持续发展、易地扶贫搬迁和乡村振兴的内在关联。

在贫困治理研究方面。当前，相关研究主要是基于可持续生计分析框架展开减贫策略研究。向德平等（2013）经实证研究发现，生计资源、可行能力与生计结果之间呈正相关关系，公共产品供给与资源禀赋、可行能力、减贫效应之间呈正相关关系。阿拉坦格日乐（2019）通过对典型贫困牧区的深入调研，基于可持续生计框架分析了贫困产生原因，进而探讨了贫困牧民脱贫方法和生计可持续途径。李创等（2020）实地调研 H 镇农户生计环境和生计资本情况，基于 DFID（英国国际发展部）可持续生计框架，提出资本协同推进扶贫成效提升的建议。进一步地，唐丽霞（2013）借鉴 DFID 可持续生计框架，以农户生计资产组合为起点，分析农户的资产获得和资产利用情况，以此概括农户生计策略的特点。何仁伟等（2017）构建可持续生计视角下的中国贫困治理框架，认为通过分析农户生计环境和生计资本，可以探明生计发展的约束或短板因素，从而在政府引导下帮助贫困群体提升发展能力、建立可持续生计策略，实现生计可持续发展和稳定脱贫。詹绍文等（2021）认为，由于残疾、大病等原因，低收入家庭可持续生计能力依旧较弱，“后扶贫时代”应加强生计脆弱性群体的生计资本能力提升，维持其生计的稳定性。

（三）研究述评

在我国易地扶贫搬迁政策与实践 30 多年的发展历程中，学者们从政治学、经济学、管理学、社会学等众多学科视角介入易地扶贫搬迁研究，运用质性研究、量化研究、历史对比研究等多种研究方法开展了富有特色的扶贫实践研究。易地扶贫搬迁研究内容与搬迁实践的进展和成效息息相关，目前具体研究内容集中于易地扶贫搬迁实践的搬迁原因及其影响因素、搬迁安置、后续发展和效益评估 4 个方面，主要侧重于生计资本和生计策略分析。可持续生计理论视角是研究易地扶贫搬迁实践的重要视角之一。可持续生计理论由国外学者发展而来，半个多世纪以来其理论发展，经历了基本概念的初步成型、分析范式的转换等过程，理论体系得以进一步规范化、系统化。相对来说，国外可持续生计相关研究更加成熟，涵盖范围更广，方法更趋多样化，呈现多学科交叉等趋势。目前，国内可持续生计相关研究涵盖了社会学、经济学和地理学等学科领域，学者应用可持续生计理论框架分析了失地农民、生态移民、易地扶贫搬迁移民等弱势群体的生计发展问题。从国内外学界的研究成果来看，可持续生计理论已经发展形成一套较为成熟的框架体系，为学界深化贫困根源认知和研究贫困治理对策提供了重要依据，也为本研究的开展提供了借鉴和参考。总体来说，既有研究的不足之处在于：

一是缺乏对生计策略以及生计安排动态发展的过程性研究。生计资本和生计策略是可持续生计分析框架中的核心概念，生计资本的积累及其多样化形成是个体和家庭进行生计资本组合的重要前提，同时这一过程也体现了微观层面上个体和家庭的生计策略。基于此，可持续生计研究应重点探讨政策影响下个体和家庭如何利用生计资本，即如何进行生计资产建设进而调整其生计安排。既有研究主要集中在对生计发展的评估和分析框架的解释和套用上，缺乏对生计资产建设、生计策略以及生计安排动态变化过程的深入分析。

二是缺乏对易地扶贫搬迁移民生计的系统性研究。搬迁后移民生计发展至少包括生计发展起点、生计资本重建及积累、生计安排转变等几个关键节点。既有研究多针对其中部分内容展开重点分析，没有系统把握易地扶贫搬迁移民生计发展的全貌。此外，在不同安置模式下，安置社区生计规划的差异性较大，在各自的政策引领下，搬迁移民的生计策略自然会有所区别，其呈现的生计改善和生计风险情况也会有所不同。即使生计政策相差不大，个体和家庭的生计策略和生计安排也会因地理位置、搬迁移民自身特点及搬迁后移民生计资本组合方式的不同而呈现出较大差异。学界对于易地扶贫搬迁实践成效及其后续发展的研究已取得一定进展，但对搬迁移民生计发展中的差异性需求、政策适应性以及生计转变的过程机制解析仍然比较薄弱。因此，还需根据对易地扶贫搬迁中贫困内涵的解读和生计发展的现实需求，进一步拓展和延伸现有的理论和分析框架。

三、研究设计

（一）研究框架

可持续生计框架以生计资本为核心，强调资本积累和资本组合对可持续生计的重要作用，其中生计资本积累是从生计资本到生计策略进而形成可持续生计发展的关键中介。本研究借鉴 DFID 的可持续生计分析框架，并根据实地调研情况，构建易地扶贫搬迁移民可持续生计分析框架（图 1－1）。

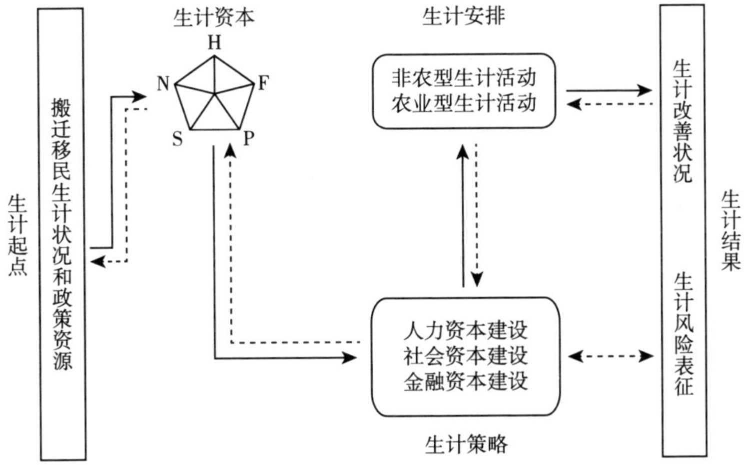

图 1－1 易地扶贫搬迁移民可持续生计研究框架图

基于前人研究成果，本研究拟构建以生计起点、生计策略、生计安排、生计结果为逻辑线索的研究框架，以期为易地扶贫搬迁后续生计发展提供思路。整个框架表现的内容是（本研究主要呈现框架图中实线箭头标明的逻辑关系，虚线箭头标明的逻辑关系暂未展开）：

1. 该框架以搬迁移民生计状况和政策资源为分析起点

易地扶贫搬迁是政府主导下的搬迁实践，搬迁后移民的生计起点主要表现为其生计资本分布及其可运用的生计政策资源。相对于搬迁前在迁出地的生计状况而言，搬迁后移民生计资本分布呈现出自然资本流失、物质资本大幅提升、人力资本持续匮乏、社会资本流失、金融资本相对提升的基本特征。搬迁移民生计政策分析中包括了结构和制度转变的阐述。当地生计政策和相关组织机构的推进，宏观上决定了搬迁移民能够获取的生计资本的数量、质量和类型。

2. 生计策略和生计安排是该框架的核心内容

生计策略形成于搬迁移民生计资产建设过程之中，主要表现为人力资本建设、社会资本建设和金融资本建设。在政策落地过程中，生计资产建设有效推进了搬迁移民的生计策略形成，从而提升了其生计发展的可持续性。由于人力资本、社会资本和金融资本在案例社区移民生计发展中的推进作用相对而言更为明显，且体现了个体在制度安排下的行动策略，故对这三类生计资本的积累和发展过程进行重点阐述。其中，人力资本是五大资本类型中最为重要的资本，它决定着其他资本的合理运用。在政策推动以及对搬迁移民主体性的激发下，搬迁移民生计策略呈现多样化发展趋势。在生计政策主导下，搬迁移民通过生计资产建设，调整资本组合结构，进而形成一定的生计安排。社区移民差异化生计安排主要体现在对外出务工、兜底产业、家门口创业等不同生计活动类型的选择和组合方式方面。基于生计策略的调整，搬迁后移民选择了适合目前生计环境的生计活动，进而输出了生计结果。

3. 生计结果表现为生计改善和生计风险并存

在脱贫攻坚背景下，案例社区移民实现了脱贫，摆脱了绝对贫困的桎梏。搬迁移民生计改善状况表现为生计资本存量逐渐积累和生计活动多样化发展。此外，安置社区不同于一般的农村社区和城市社区，政府主导下形成的社区生计环境具有一定风险，具体体现在产业就业发展空间受限、弱势群体生计融入难、脱贫主体内生能力不足等方面。

（二）研究思路

本研究基于可持续生计分析框架，以湖北省 SY 市 Y 区 Q 安置社区展开个案研究。在分析搬迁移民生计起点的基础上，剖析搬迁后移民生计策略的形成、生计安排的转变和生计结果的状况，提出实现易地扶贫搬迁移民生计可持续发展的路径。具体来说，分为六个章节。

第一章为导论。主要介绍了研究背景及意义、文献综述、研究设计、核心概念和相关理论。对于易地扶贫搬迁后续发展来说，可持续生计视角能为易地扶贫搬迁移民生计发展和社会融入提供有益的思考。目前，国内外可持续生计相关研究多应用于不同类型农户的生计发展对策研究中。本研究主要借鉴 DFID 的可持续生计分析框架，并根据实地调研情况，构建易地扶贫搬迁移民可持续生计分析框架。该框架以易地扶贫搬迁移民生计状况和政策资源为分析起点，着重分析生计策略和生计安排的特点和动态发展过程。基于此，本研究构建以生计起点、生计策略、生计安排、生计结果为逻辑线索的研究框架，分析案例社区移民生计发展的过程和特点。

第二章为生计起点：搬迁移民生计状况和政策资源。案例社区移民的生计起点表现为其生计资本分布和可利用的生计政策资源。相对于搬迁前在迁出地的生计状况而言，搬迁后移民生计资产分布呈现出自然资本流失、物质资本大幅提升、人力资本持续匮乏、社会资本流失、金融资本相对提升的基本特征。面对搬迁后的生计资本存量变化，社区移民能利用的政策资源主要来自当地易地扶贫搬迁政策、产业扶贫政策以及社区生计安排。

第三章为生计策略：搬迁移民资产建设过程性分析。生计资产建设是在个体内生能力与外部政策赋能影响下的资本积累及其多样化过程，体现了易地扶贫搬迁移民生计策略的微观形成过程。在 Q 安置社区生计发展实践中，人力资本、社会资本、金融资本发挥了重要作用，生计资本的积累和多样化促进了易地扶贫搬迁移民生计策略的有效形成。

第四章为生计安排：搬迁移民差异化生计选择。主要呈现易地扶贫搬迁移民生计活动选择变化过程，进而总结目前社区移民生计安排的特点。社区移民生计在非农就业和农业就业方面都呈现了多元化的发展趋势，其中非农型生计包括外出务工型、社区就近就业型和兜底保障型，农业型生计包括农业现代化生产型和传统农业生产型。

第五章为生计结果：生计改善与生计风险并存。主要分析当前社区移民生计改善和生计风险特征。其中生计改善体现在生计资本存量和生计活动的增多，生计风险体现在产业就业发展空间受限、弱势群体生计融入难以及内生发展能力不足。

第六章为结论与讨论。首先，以生计资本为核心展开，总结区域性易地扶贫搬迁移民生计发展模式，为后续阶段易地扶贫搬迁移民生计可持续发展和巩固拓展脱贫攻坚成果提供思路；其次，在总结研究结果基础上，结合相关理论和实践，针对案例社区生计发展模式可推广性等问题展开思考，以推动后续研究进展；最后，从宏观、中观、微观层面提出实现易地扶贫搬迁移民生计可持续发展的对策和建议。

（三）研究方法

1. 研究方式

本研究属于质性研究。质性研究方法有助于寻找事物的成因解释，明晰事件和行动发生的过程，了解研究对象所处的特定情况以及这些情况对研究对象的影响方式和效果，理解研究对象的处境和行动的意义（Maxwell，2012）。定性研究的分析方式以归纳法为主，研究者须从当事人的角度理解他们行为的意义以及他们对事物的看法，在此基础上展开研究。本研究试图通过实地调研进行深入观察、归纳和理解，以便更好地揭示宏观政策的设计意图和政策导向，以及微观层面中搬迁移民生计策略和生计安排中的动态性和隐蔽性。

本研究具体来说属于个案研究。个案研究方法需要厘清两个重点问题：一是个案研究的代表性问题；二是个案研究的超越性问题。本研究在寻找个案的时候遵循的是典型性的原则。首先，湖北省 SY 市 Y 区贫困程度深、扶贫力度大、搬迁实践经验丰富，其反贫困实践、易地扶贫搬迁与产业扶贫等措施是全国精准扶贫、精准脱贫和搬迁移民生计发展的一个缩影，Y 区 Q 安置社区集中体现了易地扶贫搬迁移民生计发展的过程、当地生计政策的设计理念、生计资产建设以及生计安排的动态发展过程，具有前文所说的“集中性”。其次，案例社区移民生计发展中的实践经验对我国易地扶贫搬迁移民生计融入和社会融入具有借鉴意义和指导价值。同时本研究的个案研究也具有普遍性，贫困地区易地扶贫搬迁实践数量多且安置模式多样，个案研究囊括了贫困群体特征、易地扶贫搬迁集中安置规则以及搬迁后移民面临生计空间转换和社会空间张力等方面的共性。至于个案研究的超越性问题，已有研究中大致用过三种方法：一是费孝通等人从“社区研究”向“类型比较”的转变（吴毅，2007）；二是格尔兹在人类学方法上的探索；三是布洛维的扩展个案研究方法。本研究主要采用第三种方法，即扩展个案法。首先，本研究基于可持续生计框架等理论梳理，探索提出研究框架，一定程度上对原有理论进行深化和重构；其次，反思性贯穿本研究的全过程，既有对可持续生计理论的反思，也有对易地扶贫搬迁政策及搬迁移民生计发展现状的反思；再次，本研究的访谈对象包括易地扶贫搬迁移民、安置社区干部以及相关产业就业发展中的市场组织、社会组织、政府组织等，在梳理生计策略和生计安排形成中涉及各主体之间的互动和博弈；最后，本研究是动态的过程研究，在脱贫攻坚政策背景下，对易地扶贫搬迁集中安置模式下社区移民生计策略和生计安排动态发展的过程进行考察与分析。

2. 资料的收集

（1）资料收集方法

在具体的调研过程中，本研究主要采取的是深度访谈法和参与观察法。通过深度个案访谈和参与式观察相结合的方式，对相关问题进行不同角度的深入广泛的聆听和探讨。读博期间，笔者跟随导师多次进行脱贫攻坚经验总结主题调研，在此过程中，深入贵州、四川、新疆、湖北等地了解到不同地域易地扶贫搬迁模式和搬迁后续移民生计发展情况。为了突破语言和文化的限制，笔者选择在湖北省一个大型易地扶贫搬迁社区进行调研，以便全面融入移民生计环境之中，更好地观察和理解当地易地扶贫搬迁移民搬迁原因以及搬迁后生计发展的过程及挑战，深入了解其生计转变过程中的生计资产建设和生计安排等动态发展情况，尽可能掌握真实、丰富的经验性研究材料。

本研究采用深度访谈，利用半结构式访谈提纲对易地扶贫搬迁移民、易地扶贫搬迁安置社区相关管理人员、产业发展部门政府官员、企业及下属机构负责人、社区产业组织和社会组织负责人等人员进行深度访谈，从而获得有关易地扶贫搬迁移民生计发展的案例和观点来支撑研究问题。同时，本研究还运用了参与观察法，主要是通过实地观察，直接感知和记录与研究目标有关的社会事实。调研过程中，笔者多次深入到社区移民的就业场所和生活环境之中，通过详细观察记录社区移民所处的社区环境、居住状况、经济水平、交往方式、社区参与、就业类型和访谈过程中的语气、神情、肢体语言等资料，同时还通过拍照、录音、视频等视觉、听觉层面的延长手段，进一步获取丰富的感性资料。实地调研结束后，笔者根据资料整理和论文写作情况，通过微信、电话等方式进行了补充调查，主要是进行个案追踪和收集一些新材料，如金融扶贫进展、香菇新品种种植情况等，尽可能为本研究的写作寻找真实而丰富的素材。

（2）调查对象的选择

本研究采用目的性、方便性和滚雪球方式选择调查对象。笔者于2020年11月9—25日在湖北省SY市Y区Q安置社区开展调研。为在较短时间内了解Y区易地扶贫搬迁进展和安置社区基本情况，笔者先后访谈了产业发展部门政府官员、企业及下属机构负责人、易地扶贫搬迁安置社区相关管理人员。在初步了解当地易地扶贫搬迁背景、安置方式以及社区发展概况的过程中，笔者接触到不少在社区基层工作岗位上工作的搬迁移民。他们年轻、素质较高、容易沟通，且对社区整体情况以及社区居民生产生活情况非常了解，于是笔者选择优先和这些搬迁移民进行访谈，从社区管理者和社区居民两个角度了解社区生计安排以及搬迁移民的生计转型过程。基于此，笔者初步掌握了社区移民产业就业情况，后续根据不同类型的产业就业方式，并兼顾住房户型、年龄、性别等特征，在社区工作者带领下进行滚雪球式的入户访谈。入户访谈过程中，笔者接触到了留守在家照顾婴儿的母亲、外出务工回来接孩子的父亲、在社区幼儿园当老师的应届毕业大学生、在香菇基地务工的老年人、在“大袜厂”务工的妇女等形形色色为生活而奔波的搬迁移民，从他们身上感受到了生计转型过程中的复杂心理活动以及生计行动中的切实努力。为了增强对社区移民生计资本积累和生计策略转变情况的认知和理解，笔者和社区义工协会成员、社区菇农互助小组成员、香菇公司技术员、区兜底产业指挥部工作人员等相关人员进行深入访谈，进一步厘清了搬迁移民生计发展背后隐藏的逻辑和机制。

3. 个案选择

（1）湖北省 SY 市 Y 区概况

本研究选取的案例社区来自湖北省 SY 市 Y 区。Y 区是国家级贫困县、秦巴山区脱贫攻坚主战场，具有我国山区贫困群体致贫根源和脱贫发展的共性。同时，由于当地产业扶贫、易地扶贫搬迁移民生计发展和安置社区治理的突出成绩，案例社区的生计发展模式具有典型性，值得深入挖掘其背后蕴含的生计发展逻辑。湖北省 SY 市 Y 区版图面积 3 863 平方千米，辖 19 个乡镇和 1 个高新区，349 个村（居）民委员会，总人口 63 万。2014 年，全区建档立卡贫困人口达 48 456 户 163 491 人，贫困发生率为 35.63%。部分偏远乡镇、重点贫困村普遍存在发展容量不足、产业无法配套、自然条件恶劣的情况。当地易地扶贫搬迁安置、扶贫产业建设和贫困人口就业存在许多挑战：

一是生存条件恶劣，就近选址难。Y 区地形复杂，山高坡陡，谷狭沟深，呈“八山一水半分*田，半分道路和庄园”的格局，地质灾害易发地段多，能够选址安置的地点 90% 以上都是基本农田，特别是叶大、胡家营、鲍峡等乡镇。镇内安置选址难，周边安置缺土地，生产生活条件脆弱，一方水土难以养活一方人。

二是发展空间受限，产业发展难。Y 区是移民大县，为支持丹江口水库等国家重点工程建设，经历了两次搬迁，三次移城，淹没和征用良田 25 万亩**，近 20 万人背井离乡，十余万人搬迁后靠，发展空间严重受限，产业发展难成规模。

三是贫困群众文化程度低，就业增收难。贫困群众大多受教育程度低，市场意识缺乏，主要从事传统自然经济，发展传统种养业仅能自给自足，发展现代农业怕风险、无思路，外出务工缺技术、缺技能、无门路，就业不稳定，脱贫难持续。

* 1 分＝1/10 亩。——编者注

** 1 亩＝1/15 公顷。——编者注

（2）湖北省SY市Y区易地扶贫搬迁实践举措

“十三五”以来，Y区坚持搬迁与后扶同步，统筹推进易地扶贫搬迁工作。通过五年的努力，Y区贫困群众彻底告别了原来破、旧、危、偏的居住生活环境，搬迁移民家庭实现至少一个劳动力稳定就业和一个脱贫产业。当地推进易地扶贫搬迁工程的具体举措为：

一是统筹集中安置。第一，强化高质量建设。坚持易地扶贫搬迁建设标准，引进大企业，保障社区建设质量，在环中心城区和汉江生态经济带、国省道沿线城镇经济带统筹规划372个集中安置点。第二，强化生计安排。通过分类施策推进区易地扶贫搬迁移民产业就业，其中进城就近务工安置就业约4 500人，进园服务创业安置约1 450户，进镇发展香菇、袜业等兜底产业，进村灵活创业安置约7 534户，进院兜底安置农村孤寡老人、残疾智障等特殊群体约4 963户。

二是强化配套建设。第一，强化生产资料供给。当地政府不仅出台户籍自愿迁移、前三年物业费由政府兜底、原土地山林承包权限不变等政策，还为搬迁移民统一配套生产用房、畜禽养殖栏圈和菜园地，多方位保障其基本生产生活有序进行。第二，强化基础设施建设。加强社区道路、水、电、网等基础设施建设，保障移民基本生活便利。实施“三通四有”到村工程和“三改两加强一落实”到户工程。第三，强化公共服务供给。坚持自治、法治、德治相结合，加强社区治理和社区服务。当地政府为安置社区配建了学校、卫生室、老年日间照料中心、留守儿童托管中心等公共设施，旨在通过公共设施及服务的改进和完善，加强搬迁移民的物质资本建设和生活生产便利度。

三是强化产业发展。第一，发展兜底产业。当地选择产业链条较长、群众接受度高、增收较为稳定的脱贫产业，通过区建扶贫产业园、镇村建扶贫车间、户建扶贫作坊的方式发展香菇业和袜业。香菇业方面，当地投资15亿元建设集原材料供应、产品深加工、科研、观光等于一体的食用菌扶贫产业园，在19个乡镇建设香菇制棒车间28个、点菌车间850个，带动1.2万户户均增收1万元。袜业方面，当地投资10.5亿元建设袜业扶贫产业园，在19个乡镇建设袜业扶贫车间，年织袜达160亿双，近3万名农户在家门口就业，户均增收2万元以上。第二，发展“四小产业”。当地推进“1+2+N”产业扶贫体系，即以劳务经济、香菇产业和袜业兜底产业为主的产业扶贫模式，通过农企对接、能人和大户带动、手工艺传承，引导留守妇女、老人等劳动力较弱的搬迁移民就地就近发展小种养、小作坊、小庭院、小买卖“四小产业”。第三，强化产业利益联结。当地组建区、镇、村三级专业合作社和扶贫开发公司，引导贫困户成为利益联结机制中的一环，带动农户通过资本入股、土地流转、就地务工和政策扶持等方式增加收入来源。

（3）调研社区基本情况

Q安置社区位于Y区中心城区的核心规划区，距Y城区8千米，交通便利，环境优美。围绕“安居、乐业、富民”目标，Y区采取易地搬迁集中安置、扶贫产业集中配套、服务设施集中配建的方式，在社区安置该区19个乡镇的4 229户15 135人。该项目总投资20亿元，于2017年12月开启施工建设。经过两年建设，Q安置社区在原本一无所有的荒山上临江而立，共建成安置房164栋37万平方米、香菇产业基地1 000亩。围绕全区“1+2+N”产业扶贫模式，社区因地制宜发展以“香菇产业为主、袜业产业为辅、就业创业并进”的产业就业体系，确保“人人有事做，户户能增收”。此外，安置社区优化健全“社区管理协调指挥部、镇党委、社区党委+社区4个党支部及工作站+8个网格72个楼栋管理单元”的三级管理体系的队伍支撑，形成了“党员、警员、网格员+组长、联防队长、楼栋长”的“三员三长”社区治理队伍，并以“三员三长”为主体，建立健全社区治理机制，实施精准治理。目前，Q安置社区已成为当地精准扶贫、易地安置的标杆工程，其基本情况如下：

一是社区基础设施和公共设施及服务得到大幅改善。第一，加强基础设施建设。社区基本生活设施方面，修建楼房165栋、柏油大道5.5千米、小区路灯1 365盏，开通运行20分钟进城、30分钟一班的公交车线路，4 237户通达安全电、自来水和天然气，建立近5 000平方米的家门口商铺、超 10 000 平方米的大小广场。社区产业就业设施方面，配建 1 000 万棒香菇产业基地和 5 万平方米袜业扶贫车间，为搬迁移民就近就业提供基本保障。第二，强化公共设施建设及公共服务供给。社区配套建设有 Y 区 YXP 镇卫生院 Q 安置社区分院，分院现有医务人员 33 人；配套建设幼儿园和九年一贯制学校各 1 所。其中，幼儿园现开设 7 个班，本学年在园幼儿 232 名，教职工 23 人，其中，公办教师 7 人、聘请帮教 11 人。九年一贯制学校正在扩建，目前，1～3 年级共 6 个班 261 名学生在社区小学就读，教职工 20 人，其中教师 15 人。此外，袜业扶贫产业园开办“四点半”学校，解决社区袜业工人学龄子女托管问题。社区服务方面，由社区党群服务中心提供一站式服务，坐班接待，也可由电话网格员、楼栋长帮办代办水、电、气、网、物业等业务。此外，借助网格员、党员和热心群众组织多方力量，已初步形成进幸福院养老、互帮互助养老、居家养老的多体系养老模式。

二是社区产业就业体系基本形成。第一，配套兜底产业，加强就近就业。通过招商引资，引进龙头企业入驻社区，采取“公司＋基地＋贫困户”模式，走组织化、规模化、市场化产业发展之路，把劳动力吸附在产业链上。第二，发展“四小产业”，加强居家就业。引导留守妇女、老人等劳动力较弱的贫困户，发展小种养、小作坊、小庭院、小买卖，增加收入来源。第三，稳定劳务输出，加强外地就业。加强劳务扶贫对接，与知名企业建立订单培训机制，帮助易地扶贫搬迁群众就业。第四，建立“双帮”机制，强化区内就业。抢抓贫困地区企业 IPO 绿色通道政策机遇，建立政府帮助企业重组上市、企业帮助贫困群众就业增收脱贫的“双帮”机制。第五，依托社区服务灵活就业。社区开发了物业、绿化、保洁、保安、网格员、楼栋长等服务岗位。同时，通过流转、代管原有土地，为搬迁移民提供更多收入来源。

三是社区组织化建设逐渐培育发展。第一，加强党组织引领。以“党建主导、群众主体、支部主力”为主线，围绕整合各驻地单位功能、资源与服务，聚焦社区居民的生产生活需求，搭建社区党组织体系，主导社区内各类事务。社区驻地现有 5 个党支部。其中，社区党支部有 162 名党员，下设 9 个党小组；袜业公司党支部有 3 名党员；香菇扶贫产业园区临时党支部现有 19 名党员；社区内教育系统党支部现有 3 名党员；社区内医院党支部现有 3 名党员。在社区党组织引领下，基本形成稳定的“社区-网格-楼栋”管理服务体系。此外，社区设有综合服务中心，将乡镇派驻干部、社区工作人员、供电部门、供水部门、燃气公司、广电网络公司、物业、教育部门、人社部门等部门职能均集中于社区群众服务大厅，确保入住群众在大厅享受一站式服务。第二，引入社会组织。社区引入义工协会，在社区开展“时间银行”志愿服务与爱心超市融合发展项目。“时间银行”项目是以社区青年、低龄老人为志愿主体，为社区留守老人、特困老人提供居家养老志愿服务，并为自己今后养老储备资源的邻里互助养老服务模式。协会服务内容分为三大类，包括养老服务项目、文明创建项目和居民公约落实情况。现阶段该协会在社区进行养老服务试点，提供的服务以情感慰藉为主，服务对象主要是社区“三留守”群体。第三，成立香菇互助组织。在香菇产业基地，搭建 10 个片区生产互助组，同时相邻的 6～9 户菇农抱团发展，形成 38 个“联户生产互助小组”。结合菇棚分布规律，科学合理地将香菇扶贫产业园细分为 10 个生产互助组（片区），组织 20 名乡镇干部派驻到社区，包保负责开展片区生产互助组（片区）的管理和生产互助。在实际生产过程中，较为正式的香菇互助组织、菇农自发形成的“工换工”以及亲戚、朋友帮忙等多种方式都发挥了关键作用。

四是社区治理机制逐渐完善。第一，加强网格化治理。依据楼栋区域分布划分 8 个网格，设立 72 个楼栋长，基本形成稳定的“社区-网格-楼栋”管理服务体系。持续开展“户户走到、足印社区”等活动，摸清住户详细信息，收集群众矛盾诉求，及时帮助解困解难。建立社区微信公众号和微信群，适时发布社区生产生活动态，公开服务部门及人员联系电话，引导搬迁群众参与社区治理和服务。第二，提升法治保障。实施“天眼工程”等治安设施技防配套工程，科学布放室外广播和安保监控设备，确保安置区治安防控全覆盖、无死角。建立社区警务室，将社区治调纳入辅警队伍管理，吸收搬迁群众组成治安联防大队、网格志愿服务队，建立以“社区党员、网格员、卫生防疫员＋片长、警长、楼栋长”为骨干队伍的“三员三长”联动管理机制，开展“七五普法”“流动法庭”进社区等活动，形成了大事小事有人管、困难群众有人帮、闲散人员有人问、矛盾纠纷有人调的社区治理新局面。第三，强化德治约束。开展“家风家规大培育、家庭环境大整治、家庭万元增收项目大落地”三家建设，由 4 000 余名包户干部带头，加强人居环境整治，健全村规民约。建设 4 个爱心超市，开展以表现换积分、以积分换商品行动，引导搬迁移民思想上去“懒根”、生活上除“陋习”、意识上重“集体”。深入践行社会主义核心价值观，创建“十星级文明农户”，举办形式多样的文化娱乐活动，引导搬迁群众移风易俗，形成邻里和睦、守望相助、文明节俭的社区文化氛围。

四、核心概念及相关理论

（一）核心概念界定

1. 易地扶贫搬迁移民

脱贫攻坚以来，易地扶贫搬迁是国家主导下的空间变换，旨在根本改善生存环境恶劣地区贫困群体的生存发展环境，加强政府扶持和促进能力提升，进而实现脱贫发展。易地扶贫搬迁是把居住在深山区、石山区、生态环境脆弱地区以及“一方水土养不活一方人”地区的贫困群体搬迁到生产生活条件较好的地区发展致富（赵双，2018）。后续扶持阶段，为了实现移民的安居乐业，政府将强化产业扶持和技能培训，帮助移民家庭调整其资本结构、拓展其增收渠道，进而实现搬迁人口脱贫致富。

在 Y 区易地扶贫搬迁工程实施文件中，易地扶贫搬迁对象是指在全区扶贫开发建档立卡信息系统中，有搬迁意愿且符合特定条件的贫困户，如不具备基本生产生活发展条件地区的贫困人口，基础设施和基本公共服务设施薄弱、工程措施解决难度大的地区的贫困人口，建有大中型水库或缺乏生产生活资料地区的贫困人口，等。

由于案例社区移民中没有属于非贫困户的随迁人口，故本研究中的易地扶贫搬迁移民[①]，是指在精准扶贫背景下，符合当地易地扶贫搬迁要求的建档立卡贫困人口。

2. 资本

资本是可持续生计分析框架中含义较为广泛的核心概念。Chambers等（1992）将资本划分为有形资本和无形资本，有形资本包括储备物和资源等，无形资本包括要求权和可获得途径。迈克尔·谢若登（1991）把资本的形式定义为金融资本，但后来他又补充道，资本可以划分为有形资本与无形资本。谢东梅（2009）根据可持续生计理论将资本划分为人力资本、自然资本、物质资本、金融资本和社会资本五大类，以便更好地体现出扶贫实践中农户的具体需求。汪三贵等（2013）认为，拥有足够的资本存量及主要资本的累积轨迹，是个体和家庭摆脱贫困的重要路径。总体来说，贫困群体和弱势群体通过持续积累不同类型的资本，加强资本优化组合和生计能力提升，进而有助于实现积极的生计结果。

对于资本的分类，本研究基于可持续生计框架，主要将资本划分为人力资本、社会资本、金融资本、自然资本、物质资本五种。由于人力资本、社会资本和金融资本在案例社区移民生计发展中的推进作用相对而言更为明显，且体现了个体在制度安排下的行动策略，故本研究对这三类生计资本的积累和发展过程进行重点阐述。

3. 生计策略

生计策略有狭义和广义之分，广义上的生计策略包括生产活动、生育状况、投资活动等经济活动，狭义上的生计策略主要指个人和家庭的生产活动选择。生计策略与自然和社会经济环境密切相关，并决定着个体和家庭的生产生活效率。本研究基于定性分析展开，从微观层面对搬迁移民的生计策略进行观察，观察发现其生计策略主要体现在对生计资本的积累和

① 为行文流畅，后文多将易地扶贫搬迁移民简称为搬迁移民或移民。

运用上，因而笔者尝试引入资产建设理论，通过分析生计资产建设特点及过程来展现搬迁移民生计策略的动态发展。

资产建设理论强调要通过积累资本来帮助弱势群体提升自我发展能力，从而真正摆脱贫困的代际传递。在贫困研究及扶贫实践中引入资产建设理念，不仅可以促进易地扶贫搬迁移民的资本积累和能力提升，也有助于促进搬迁移民生活生产多维度的全面发展。梳理国内有关资产建设的理论研究发现，既有研究仅仅从经济资产建设方面谈论资产建设社会政策，应从人力资本、社会资本、文化资本、政治资本等多维角度理解资本的含义（卜文虎，2017）。对本研究来说，资产建设理念的引入对易地扶贫搬迁移民生计可持续的实现具有重要的启发：一是有利于精准施策，比如可根据搬迁后移民的收入、生计资本分布等状况，较快较准地确定优先扶持对象；二是有助于将反贫困的重点从提高收入转向增加资本积累。对于易地扶贫搬迁移民而言，不仅需要"输血"，更需要"造血"，政府应该帮助他们认识到积累生计资本的重要性，引导和帮助他们进行资本积累和资本组合，从根本上提升其生计能力。

在可持续生计框架中，生计资本与制度是互相影响的。一方面，制度能调节个体和家庭所拥有的生计资本；另一方面，他们根据制度调节拥有的生计资本的性质和状况，优化资本组合进而调整生计策略。资本组合建立在资本的积累与多样化形成的基础之上，是运用生计资本形成生计策略过程中的关键环节。对于本研究来说，资产建设理论视角能精准研判搬迁移民返贫致贫和生计困难的症结，从而有效避免贫困的代际传递。由于搬迁移民资产建设行为及其过程同时受到宏观制度、社区以及个体行为等因素交互影响，笔者将其纳入 DFID 的可持续生计框架，有助于系统地、全景式地了解搬迁移民生计策略的动态性发展的复杂过程。本研究中，笔者将生计策略定义为搬迁移民生计资产建设，生计资产建设表现为生计资本积累及其多样化形成。

4. 生计安排

生计安排主要指个人和家庭的生产活动选择，可以说是狭义上的生计策略。不少研究中并没有具体区分生计安排和生计策略。受外部环境因素影响，个体和家庭的生计安排处于动态变化中，一般来说，生计安排的多元化趋势有助于其生计的可持续发展。此外，基于不同的研究目的和研究方法，学界对生计安排类型的划分也存在一定差异。赵文娟等（2016）按照参与非农生计活动、非农收入，以及非农收入占比情况，将农户生计安排划分为纯农型、农兼型、兼农型三类。黎洁（2016）按照某项收入占家庭总收入50%以上的标准将移民生计安排分为传统生计专业化型、非农专业化、多样化和补贴依赖型四类。既有研究多基于定量分析，根据是否参与非农生计活动以及某项收入占比情况对生计安排进行分类。

本研究将生计安排定义为搬迁移民的生计活动选择，并根据调研社区移民生计发展情况，将其生计选择类型划分为非农型生计活动和农业型生计活动两大类，其中，非农型生计活动包括外出务工型、社区就近就业型和兜底保障型，农业型生计活动包括农业现代化生产型和传统农业生产型。

（二）可持续生计理论

1. 相关概念的发展脉络

在国外，生计的概念较多出现在有关减贫和农村发展的研究中。Ellis（2000）认为，生计的含义应包括资本、行动和获得资本的权利。Scoones（1998）认为，生计是由生活所需要的能力、资本，以及相应的行动组成。目前，被大多数学者认可的定义是由Chambers和Conway（1992）提出的，他们认为生计即谋生的方式，该方式建立在能力、资本和活动基础上。简而言之，生计的概念主要建立在能力、资本、权利以及谋生方式之上。对贫困群体和弱势群体来说，生计不仅能更好地展现和描述其生存发展状态，还能体现他们生计发展的影响因素及生计选择的复杂性。

20世纪80年代以来，国外学界对贫困根源进行理解与反思。可持续生计概念的内涵来源于这种深化理解，即认为致贫原因不仅仅是收入低，更应从经济、社会、文化、能力、资本等多维度解读贫困。可以说，对可持续生计内涵的深入挖掘对反贫困有着重要意义。在不同生活背景下，个体和家庭对生计资本进行优化组合，进而调整生计策略以实现收入的持续增长，与此同时其生计能力和反贫困能力得到加强。“可持续生计”这一概念首次出现于 WCED（世界环境与发展委员会）的报告中。1992 年，在联合国环境与发展大会上通过的《全球 21 世纪议程》中，把实现可持续生计作为减贫的主要目标。3 年后，社会发展问题世界首脑会议通过的《哥本哈根宣言》，进一步强调了可持续生计对于减少贫困、实现经济发展及社会整合的政策意义。该宣言指出，发展可持续生计就是要强化有关就业、教育、减贫等方面的顶层设计，保障个体获得稳定的工作，从而实现可持续的生计。

自 20 世纪 90 年代起，可持续生计理论步入深化研究阶段。Chambers 和 Conway（1992）认为可持续生计概念的内涵是指，当生计受到外界环境的负面影响时，生计方式能够恢复发展，在自然资源不受损坏的情况下，能够强化生计能力甚至优化利用生计资本。Ashley 和 Carney（1999）指出，可持续生计是指人们能够应对胁迫和冲击，并从中恢复、维持和增加资本，保持和提高生计能力，并为他人的生计带来积极的影响。联合国开发计划署指出，贫困群体的可持续生计是指为其提供良好的政策环境，通过提高其教育水平和就业技能，发展生计资本和生计活动，从而实现可持续生计。随着研究的深入，IDS 研究团队进一步完善了可持续生计的概念，他们认为生计由个人能力、自身拥有的生活资源以及谋生行动组成，可持续生计即当生计受到外界环境的负面影响时，个体能够积极改善自身生计能力，从而使其生计方式能够较快恢复。DFID 采纳了 IDS 研究团队对可持续生计的定义，后来这个定义也得到了学界的广泛认可。可持续生计概念的不同阐述均凸显了微观层次的生计系统与宏观政策、生态环境之间的关联性。总的来说，可持续生计理念明确了减贫和发展的目标，体现了政策制定者对弱势群体生计发展问题的关注。

2. 可持续生计分析框架的建立

20 世纪 90 年代以来，在实践应用的基础上，多种可持续生计分析框架得以建立和完善。Scoones（1998）最早提出生计分析框架，强调了可持续生计和农村可持续发展之间的内在关联。该框架系统论述了生计资本和生计策略，把农户生计策略划分为集约化、多样化、迁移型和扩张型生计策略。Bebbington（1999）认为个体拥有的资本和生计能力是分析框架的核心部分，并把贫困和生计问题相联系。Ellis（2000）提出了反贫困的生计多样化分析框架，以人的资本以及活动作为该框架的核心。阿玛蒂亚·森（1999）提出了可行能力的概念，进一步深化了可持续生计中的能力概念。目前，较有代表性的可持续生计分析框架是DFID的可持续生计分析框架、联合国开发计划署的可持续性生计途径框架以及美国援外合作组织的农户生计安全框架。总体而言，可持续生计分析框架的建立和发展，使其成为可操作性强的分析工具，进一步拓展了可持续生计分析法的应用范围。

1997年，英国国际发展部发布的国际发展白皮书中首次提出DFID可持续生计分析框架。目前，该框架被广泛应用于世界各地，尤其在扶贫开发和生计建设的研究领域中比较有代表性。基于既有的研究基础，该分析框架不断改进和完善，并致力于帮助贫困群体运用资本、权利来选择生计策略，进而摆脱贫困。该分析框架勾画了制度、组织、个体以及它们彼此之间的关系。如图1-2所示，该框架主要由五个部分构成。其中，生计资本是该框架的核心内容，包含自然资本、物质资本、人力资本、金融资本和社会资本。在复杂交织的脆弱性背景下，个体与家庭从实际出发，运用自身的生计资本形成不同的生计策略，进而产生不同的生计结果。最终，该生计结果对生计资本造成反馈影响，进而影响生计资本的数量、质量和利用。

制度、生计资本和生计风险是DFID可持续生计分析框架中的核心因素。首先，从制度层面来说，该框架重视制度的作用。DFID（2000）认为，政策、法律制度和文化等决定着个体和家庭获取生计资本的数量、质量和机会，进而间接地影响着他们的社会关系。个体和家庭应认识到制度的重要性，通过合理利用政策为实现可持续生计奠定基础（Goodland et

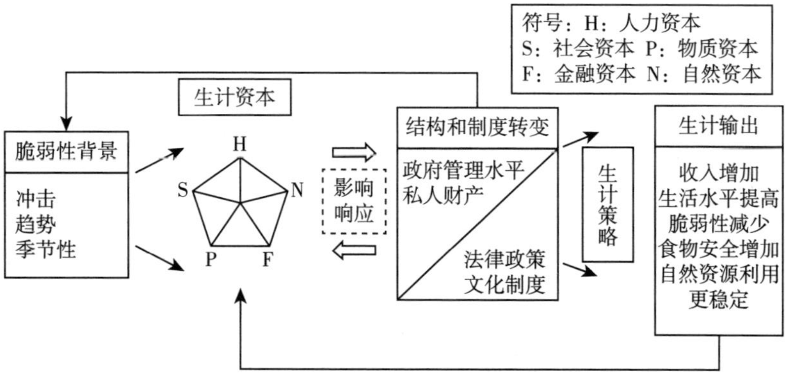

图 1-2　可持续生计分析框架示意图

al.，1996；Cafey et al.，2000；Biao et al.，2007）。进一步地，该框架重视组织的作用。严登才（2012）指出，要充分重视地方政府组织、社会组织、经济组织等各方力量在移民生计重建中的责任和作用。

其次，从生计资本层面来说，该框架重视生计资本的多样性。五种生计资本之间是相互影响、相互制约的。尤其对弱势群体而言，生计资本的多样化积累是其调整生计策略进而保障生计安全的重要前提。此外，在脆弱性风险环境下，要实现生计可持续，需要基于自身生计资本现状和外界支持条件，对生计资本进行优化组合，及时调整生计策略以规避生计风险，进而促进生计可持续。

最后，从生计风险层面来说，该框架在一定程度上指导了如何预防和减少生计风险。该分析框架不仅展示了生计政策背景下生计资本如何影响生计策略的形成，也从侧面展示了生计风险产生的原因和机制。在实际生产生活中，脆弱性个体和家庭可能会面临着诸多生计风险，只有对其进行充分评估和有效控制，才能减少损失，提高福利水平，从而促进生计可持续发展。

（三）资产建设理论

美国经济学家迈克尔·谢若登（1991）率先提出资产建设的概念。他认为，不能仅从收入角度定义贫困，相比经济收入，资产的内涵和作用更加多元化。资产可以改变人们的思维方式和互动方式，能促进家庭稳定、创造未来取向、增强个人效能、增进后代福利。迈克尔·谢若登（1991）认为，资产建设主要指政府或非政府组织积极创造条件，引导和帮助贫困群体进行资产积累，而非简单地直接增加他们的收入和消费。资产建设理论在全球范围内得到了广泛应用，主要用于弱势群体的能力建设实践。基于资产建设理论的实践旨在通过收入和资本的福利模式，转变贫困群体的思维方式和交往方式，使其能够从长远的目标出发进行资产的长期性积累与再创造，从而实现自身的可持续发展。

资产建设理论在我国被广泛应用到最低社会保障、精准扶贫等扶弱济贫实践中。脱贫攻坚以来，中国地方政府在易地扶贫搬迁、产业扶贫、教育扶贫、金融扶贫等扶贫实践中运用了资产建设理念和方法。现阶段，资产扶贫项目在实践中的主要做法是将自然资源、公共资本或农户权益资产股份化，相关经营主体利用这类资产产生经济收益后，贫困村与贫困户按照股份或特定比例获得收益。目前，我国贵州、四川、湖北、广西、陕西等省份已开展资产扶贫制度与实践探索。资产建设实践能够促进个人的资产积累，加强其社会经济活动参与率，有利于个体的能力提升和家庭生计方式的转型。从长远目标来看，资产建设理论及其实践能够推进福利传承和能力发展，从而实现脱贫群体稳定脱贫和生计可持续发展。

第二章 生计起点：搬迁移民生计状况和政策资源

易地扶贫搬迁通过空间置换将贫困群体迁移到更加适宜发展的地区，以此为基础帮助他们发展就业、提升技能进而摆脱贫困。可持续生计理论视角下，集中安置模式下的搬迁移民生计状况表现为其生计资本分布情况。搬迁初期，搬迁移民面临生计模式转换、社会空间断裂等现实问题，不仅存在生产生活上的不适应，也可能面临新的生计风险。为了保障搬迁移民生计安全，国家和地方的扶贫政策以及安置区社区服务供给体系为搬迁移民提供了多元化的生计资本和生计活动选择，以促进其生计发展和社会融入。

一、搬迁移民生计状况

湖北省SY市Y区作为国家级贫困县、秦巴山区脱贫攻坚主战场和南水北调中线工程核心水源区，贫困程度深、致贫原因复杂。2014年，全区建档立卡贫困人口163 491人，贫困发生率为35.63%。为支持丹江口水库建设，当地村民经历了两次淹没、两次搬迁、三次移城。水库建设期间，淹没和征用当地良田25万亩，近20万人背井离乡、10多万人搬迁后靠，部分偏远乡镇和重点贫困村存在自然条件恶劣、产业就业难等发展空间受限问题。随着“十三五”以来国家易地扶贫搬迁政策的大力实施，当地把握政策机遇，在Y区规划建设大型安置区，安置来自该区19个乡镇的贫困人口。安置社区选址在Y区新城区，具有交通、经济、教育、医疗等方面的区位优势。在新的生活空间中，生计资本是搬迁移民生计发展的基础，对其生计选择产生重要影响。相对于搬迁前在迁出地的生计状况而言，搬迁后移民生计资本分布呈现出自然资本普遍减少、物质资本大幅提升、人力资本持续匮乏、社会资本流失、金融资本相对提升的基本特征。

（一）自然资本普遍减少

自然资本指农户生计赖以生存的自然资源，如空气、耕地、水资源等，包括可再生资源和不可再生资源。在Y区，耕地和林地是当地农户赖以为生的主要自然资本。Y区呈“八山一水半分田，半分道路和庄园”的格局，耕地稀少、土地质量较差构成当地农户生存环境的底色。

搬迁前，当地农户生计以传统种养业和外出务工为主，人均耕地不足1亩，传统生产方式占主流，产业发展难成规模，种地为生只能勉强自给自足（案例2-1)。在案例社区处于规划建设期时，在社区临近地划出了少量土地供搬迁移民种植，但由于这块土地面积小且可及性较差，很少有农户愿意在那种菜。社区干部也表示，顶层设计理念还是以引导农户种植香菇为主。所以说，案例社区的安置模式实际上是无土安置。对于搬迁移民来说，搬迁后最大的变化就是由无土安置导致的自然资本存量降低。

案例2-1：

那个时候我们五口人只有8分田，山地太贫了，天一干一把散沙，不挣钱，那时候我还不能出去打工，只能在家种庄稼，勉强够吃吧。

现在没种地，因为住得太远，别人家养的牛羊没法管。老家那地方我待够了，我想搬出来。

（访谈记录：YM20201112M3）

在安置社区，一般是老年移民群体较难适应社区生活，其中土地资本的减少成为主要原因之一。搬迁前，老年农户以土地为生，可以靠自己勉强维生。搬迁后，一方面，土地资本的显著下降造成老年移民生计融入难，另一方面，老年移民面临较大的生计风险，一旦缺少子女的经济支持，其生活就基本处于贫苦之中（案例2－2、案例2－3）。总的来说，在无土安置模式下，搬迁初期移民的自然资本呈减少趋势，部分老年移民因此难以融入社区生活。

案例2－2：

我们在老家种地，种点菜，看两只鸡，烧柴不要钱，吃菜不要钱，可以度个日。在这什么都要买。年轻人还可以打工，我们年纪大了，打不了工，也种不了香菇。老家的地这两年被集体种上树了，葡萄树，经济林，现在还没有收益。

党的政策是好的，有低保、养老金，老人不识字、不会取。存折本子在儿子那，儿子往口袋一装不给。现在一些年轻人，钱少的工作懒得干，钱多的找不上他，就把老人的钱拿走了。

（访谈记录：YM20201116M1）

案例2－3：

搬过来，这边生活还行，对年轻人来说压力不大，对老人来说生活压力大。吃喝啥都要花钱，没菜地，挣不来钱，有的儿子给点钱，有的不给钱，老人也不好张嘴要。

（访谈记录：YM20201117M1）

（二）物质资本大幅提升

物质资本指农户谋生所需要的基础设施、公共设施和生产工具等，其存量反映农户的生产力水平。物质资本是生计资本中其他资本实现积累的基础，无论是人力资本还是社会资本，都需要依赖一定的物质资本来实现积累。

搬迁前，由于当地地质灾害频发，一些农户的基本住房安全问题都得不到保障，部分农户还在挑水、用煤油灯，生产生活极为不便利。搬迁后，对于多数农户来说，生活所在地的基础设施和公共设施条件较以往有所提升：社区基础生活设施方面，建设安全住房（案例 2-4）、柏油大道、小区路灯、公交车、家门口商铺、文化广场等，户户通达电、自来水和天然气（案例 2-5）；社区基础生产设施方面，配套建设香菇产业基地、袜业产业基地和扶贫车间；社区公共设施方面，配套建设 Y 区 YXP 镇卫生院社区分院、幼儿园和九年一贯制学校；社区公共服务方面，由社区党群服务中心提供水、电、气、网、物业等一站式服务。

案例 2-4：

我们那地方实在太落后，我们在山顶上住，盖了房子，土坯房。到现在那里都还有五里路没通。应该是 2002 年，下雨滑坡，屋子垮了，只剩一间房，当时家里 5 口人，没法住。后来我想办法挣点钱，出去打工半年多挣了 12 000 元，在山上买了房，搬了家，房子是学校的教室改建的。2006 年用打工挣的钱把房子装修了。

（访谈记录：YM20201112M3）

案例 2-5：

以前在老家是挑水，住土坯房。虽然现在的房子有些小毛病，但基本的住房安全是保障了，毕竟这也是省里的脸面。我老家有将近 4 亩地，（现在）免费给人家种，不荒着就行。现在不用烧柴，不用挑水，有水有电，自来水管一放，想要热水有热水，想要冷水有冷水。

（访谈记录：YM20201112M2）

（三）人力资本持续匮乏且社会资本流失

人力资本是指能够增加生计收入或改善健康状况所拥有的劳动能力、技能、知识和健康等。搬迁移民由于长期生活在贫穷落后地区，教育经历普遍较短，就业技能较为缺乏。此外，由于在外务工的安全性和保障性较差，部分移民因意外事故造成部分肢体残疾，部分失去或完全失去劳动能力。统计数据表明，案例社区搬迁移民中正常劳动力占 56%，残疾人占 4%，精神障碍患者占 1%，老年人占 19%。[①] 可见，搬迁移民在劳动力数量和质量方面都较低，且短时间内难以有较大改进。

案例 2－6：

我爸爸走了，老妈改嫁了，没有兄弟姐妹，就我一个人。我小学都没读完，基本在外面打工，现在挣的钱基本够花。没有本村人和亲戚在这边，熟悉的就是我住的这个楼栋上下三家人。

（访谈记录：YM20201117M2）

案例 2－7：

社区这边有原来的村子搬过来的，现在和他们来往不多，（住）楼房不方便走动，大家为了生存都要找事做，没时间来往。老家种地，今天你帮我，明天我帮他，来往多些。现在比较熟的就我们这个楼栋附近，见个面打个招呼，都不是很熟。平常有事找社区工作人员。

（访谈记录：YM20201116F2）

① 数据来源于 Q 社区 2020 年 9 月 17 日统计结果，其中正常劳动力人数统计的年龄标准为男子 16～60 岁期间、女子 16～55 岁期间，残疾人和精神障碍患者人数统计的年龄标准为 16～60 岁，老年人人数统计的年龄标准为 60 岁以上。

搬迁移民不仅人力资本较为匮乏，由搬迁引发的空间置换还导致其社会关系网络面临断裂的可能。社会资本主要指有助于其生计发展的社会资源，如亲戚朋友、社区干部、集体经济组织、社会组织等。Q安置社区居民全部来自Y区19个乡镇的贫困群体，搬迁初期居民生活的空间是一个陌生人社会：过去的社会关系网由于地理位置的变化可能面临断裂，而新的社会网络尚未建立。部分搬迁移民由于常年在外务工，很少有时间参与社区活动，和社区居民交往较少。此外，从村居到居住在楼房，从以传统农业为生到无地可种，不少居民存在居住和生计方面的不适应，其社会交往也随之受到影响。总体来说，搬迁初期，多数搬迁移民的人力资本和社会资本都较为匮乏。

（四）金融资本相对提升

金融资本是指在消费以及生产中能运用的资金资源，主要由积蓄和资金流入两部分组成。搬迁初期，社区内部开启香菇种植试点，鼓励搬迁移民利用“5万元以内、免抵押、免担保、全贴息”的小额信贷政策筹措资金发展产业，并为菇农购买香菇保险，降低其产业风险。

在当地基层干部动员下，部分搬迁移民萌生了发展香菇产业的意愿，不仅通过小额信贷提升了金融资本存量，还在保险扶贫政策保障下持续发展香菇种植业，逐渐融入现代化农业生产模式之中（案例2-8）。

案例2-8：

搬过来之后，社区干部经常动员我们去种香菇。种香菇成本较高，要投钱买香菇棒，我们也没那么多钱。听说有无息贷款，基本上社区这边种香菇的都贷了。

（访谈记录：YM20201124F1）

与此同时，由于搬迁后水费、电费、天然气费以及买菜等生活开支项目增多，搬迁移民中尤其是老年群体以及其他无劳动能力群体的经济压力和经济支出变大，部分居民因此变得更加节俭，尽量减少生活支出（案例 2-9）。也有部分搬迁移民表示搬迁前就常年在外租房住，搬迁后感觉生活成本变化不大，可见搬迁初期生活成本的变化情况因家庭生活方式和经济实力不同而有较大差异。总的来说，搬迁后移民得到更多获得资金的机会，笔者从这一角度初步判断，搬迁初期移民金融资本相对提升。

案例 2-9：

在这边生活，买菜啥的都要钱，价格也不便宜。虽然有的老人有补贴、低保啥的，但生活还是比较节省，打个比方，以前可能炒两个菜，现在炒一个菜，节省点。（老人）也会比较担心以后生病没钱。

（访谈记录：YM20201117F3）

二、搬迁移民生计政策资源

易地扶贫搬迁是一种对贫困的积极干预政策，旨在迁移到环境相对较好的地方，增强贫困群体的生计资本和生计能力，降低可能面临的生计风险，从而减少或者在某种程度上缓解贫困状况。可持续生计理论分析框架强调了生计发展中的制度因素，制度设计影响着生计资本组合的方式以及采取生计策略的类型。在脱贫攻坚背景下，易地扶贫搬迁政策、产业扶贫政策以及社区生计安排等政策资源影响着搬迁移民生计的发展：一方面，生计政策决定着搬迁移民获取生计资本和生计活动的机会；另一方面，政策设计中的可持续发展理念奠定了搬迁移民生计可持续发展的基础。

（一）生计资本规划帮扶政策

生计资本的多样化发展是易地扶贫搬迁移民生计发展的基础。当地贫困户主要生活在自然条件贫瘠的大山，交通不便，生活困难。同时，移民搬迁本身就包含各种风险，比如移民在搬迁过程中会丧失部分生计资本存量，社会关系网络也面临断裂的可能，从而增加移民陷入贫困的风险。考虑到这种情况，当地政府在制定易地扶贫搬迁政策时，注重生计资本的多样化发展，为移民提供了较好的生计资本基础。

1. Y 区易地扶贫搬迁政策

（1）搬迁安置阶段

Y 区易地扶贫搬迁政策因地制宜规划安置方式，采取集中安置为主的模式把搬迁户安置到基础设施条件较好、公共服务较为完善、具有一定发展潜力的地区。在易地扶贫搬迁政策规划初期，比较重视物质资本和金融资本的建设。易地扶贫搬迁后续扶持阶段，更加重视物质资本和人力资本的扶持。

当地根据乡镇实际情况，因地制宜采取集中安置和分散安置相结合，集中安置为主的模式进行安置。集中安置采取就近就地，适度规模，实行“五靠近”；分散安置主要是分散建房安置、插花安置和投靠亲友安置、进城及进镇购房安置等。集中安置主要有五种模式：一是依托中心村就近集中安置；二是依托小城镇或工业园区集中安置；三是依托乡村旅游区安置；四是建设移民新村集中安置；五是“五保”户集中供养安置。当地易地扶贫搬迁政策重视物质资本的建设，在建造安全住房的同时规划安置区周边的基础设施和公共服务设施，旨在为移民提供更好的生活生产空间条件（案例 2－10）。

案例 2－10：

住房建设方面，2016—2018 年，全区完成集中安置搬迁的建档立卡贫困户人口共需建房（含“三通一平”）172.3 万平方米。

配套基础设施方面，主要是安置区道路建设、饮水管网建设、电网建设及其他附属设施建设，满足安置区生产生活需要。

公共服务设施方面，主要是建设学校、幼儿园、卫生室及其它村级服务设施。土地治理方面，主要是对山区和丘陵地区中低产田进行改造、加强灌区田间配套设施建设、宅基地的复垦及迁出区生态修复。

（资料来源：根据Y区易迁办2016年10月发布的《Y区易地扶贫搬迁》整理）

当地政府引导周边不具备基本生存条件地区搬迁对象适度集中居住，在安置地设计规划道路、饮水、电网等基础设施，配套建设学校、幼儿园、卫生室、文化室、活动广场等公共服务设施，大幅度提升了物质资本。此外，为了鼓励贫困农户搬迁并加强后续产业发展，政策设计中特别细化了易地扶贫搬迁补助标准（案例2－11）。

案例2－11：

一是房屋补助。鼓励集中安置，集中安置的按照人均2.5万元标准补助到乡镇，由乡镇统筹用于建房，建房价格控制在1 000元/平方米左右。确需分散安置的，按照每户3万元予以补助。进乡（镇）集镇规划区自主购房的，必须要有房屋产权证，按照人均2.5万元标准补助到户，每户补助标准不超过12.5万元。对于进Y经济开发区、城关镇等城市规划区购房的，按人均3.5万元补助到户，每户补助标准不超过17.5万元。

二是集中安置点基础设施建设费用（含前期费用）标准。集中安置10～29户的，按户均4万元的标准补助；集中安置30～49户的，按户均5万元的标准补助；集中安置50户规模以上的，按每户6万元的标准补助。由乡镇统筹用于安置户的基础设施建设。城、镇规划区内安置的，户均另外增加2万元补助到乡镇。

三是脱贫产业建设费标准。集中安置的搬迁贫困户，按照人均1万元的标准预算扶贫产业建设费计列到安置地，由乡镇统筹用于搬迁户购买生产用地或脱贫产业建设。

四是建新拆旧奖励标准。搬迁户在签订搬迁协议时约定按照人均0.25万元、户均不超过1万元交纳保证金，搬迁户将旧房拆除，并将旧宅基地交给所在村集体后，由乡镇结合年度任务完成情况，按省定标准奖励给贫困户。

（资料来源：根据Y区易迁办2016年10月发布的《Y区易地扶贫搬迁补助标准》整理）

当地政府将搬迁补助分为房屋补助、基础设施建设补助、产业建设补助等，用于鼓励集中安置和发展脱贫产业。金融资本的投入，增强了移民搬迁和发展产业的信心，推进了易地扶贫搬迁工作的进度。

（2）后续发展阶段

易地扶贫搬迁后续扶持阶段面临着更大挑战，如安置社区管理水平需进一步提高，跨县区安置机制需进一步理顺，就业产业质量需进一步提升，帮扶责任落实需进一步巩固，等。后续发展中的生计政策要素直接关系着搬迁群众稳定入住和生计发展，考验着各级各部门的政治担当和管理智慧。Y区易地扶贫搬迁后续发展阶段的工作目标为加强安置社区基础设施和公共服务建设配套、产业就业帮扶配套、基层组织和社区治理服务配套，政策设计重点在于全面提升移民的生计资本。

从政策文件中可以看出，湖北省非常重视后续发展阶段Q安置社区移民生计发展问题，在人力资本、物质资本、金融资本和社会资本方面提供了政策支持（案例2-12）。步入乡村振兴时代，国家出台相关政策巩固拓展脱贫攻坚成果，其中针对易地扶贫搬迁移民的主要扶持措施有：一是在五年内继续享受扶贫有关政策；二是移民原有的山林、土地在承包期内承包权限不变；三是加强就业引导和产业就业培训。总的来说，后续搬迁移民生计政策会更加注重生计资本的多元化供给，进一步保障移民的生计安全。

案例 2－12：

1. 支持教育建设项目。全力推进 Q 社区学校补短板项目建设；在社区谋划新建幼儿园建设项目，以满足社区学前适龄儿童就学需求；统筹调配全区城乡教师充实社区师资力量，确保学前适龄儿童和义务教育学生就近有学上、无辍学。

2. 支持医疗卫生项目。全力推进 Q 社区卫生院补短板项目建设，确保今年 10 月底前投入使用。

3. 支持爱心超市项目。在社区新建四个爱心超市，实现各网格爱心超市全覆盖。

4. 支持市政建设项目。围绕改善搬迁群众生活环境，合理谋划建设自来水厂、污水处理广、垃圾填埋场、公交换乘中心等一批市政服务配套项目。

5. 支持功能场所项目。配齐一系列便民利民服务场所：社区综合服务中心（站）；文体宣传中心，配置图书室、文化站、活动室、宣传栏等相应设施；老年服务中心（日间照料中心）。

6. 支持产业扶持项目。一是支持各类经营主体大力发展特色优势产业。新建特色产业基地，带动易迁户 20 户以上，根据实际带动户数，按每户补助 5 000 元标准，今年一次性安排以工代赈资金用于扶持基地建设。对于新办的企业，带动易迁户 30 户以上且易迁户占比超过 50%，给予企业贷款担保和贴息。二是强化技术保障，降低种植风险。选派专业技术人才，定期开展培训，培养壮大技术骨干队伍。三是支持完善配套服务，延伸产业链条。通过强化精深加工、构建电商平台等方式引进优质香菇精深加工企业，打造优势特色品牌，实现产业链条延长、价值链条提升的目标。四是创新产业融合模式。谋划建设三产融合发展产业示范园。

7. 支持就业服务项目。一是支持具备条件的企业根据市场情况，适度扩大生产规模，增加就业岗位。二是持续对接实力雄厚、有投资意愿的袜业企业，引进新企业入驻。三是探索完善支持袜业企业助力脱贫的周转资金贷款扶持、经济贡献度奖励、出口退税奖励、物流成本补贴、设备购置补贴、员工培训补贴等激励措施。四是大力发展家庭手工业、农村电商、家政服务业等就业渠道。做好就业信息收集与发布及求职登记等公共就业与人才服务工作，大力推行远程招聘和网络招聘，不断拓宽就业信息双向选择渠道。五是加强技能培训。对建档立卡贫困劳动力就业状况数据进行完善更新，对全区农村劳动力培训意愿进行全面摸底调查，进一步提高培训经费地方财政预算和向上争取力度，统筹区直各职业教育和业务主管部门的培训资源以针对性地开展技能培训。

8. 支持加强社区管理。加强安置区社区自治组织建设，建立健全安置区社区治理机制，推动社区、社会组织、社会工作者、社区志愿者服务联动，制定完善居民公约，完善居务公开制度和民主监督制度，引导搬迁群众参与社区治理和服务，解决搬迁群众的实际困难和矛盾纠纷。合理设置网格及管理人员，按有关规定设置警务室（站），吸收搬迁群众组成治安联防队，实施“天眼工程”等治安设施技防配套工程，确保安置点治安防控全覆盖。

9. 支持强化思想文化教育。积极开展农村思想道德建设、乡村文明培训行动等工作，引导搬迁群众移风易俗，形成邻里和睦、守望相助、文明节俭的好风尚。

（资料来源：根据湖北省易迁办2020年6月发布的《关于印发湖北省易地扶贫搬迁万人以上安置点后续扶持工作方案的通知》整理）

2. Y 区产业扶贫政策

Y 区产业扶贫政策将香菇产业和袜业设立为当地两大兜底产业，其产业发展举措为引导外地和当地企业将车间延伸到农村、易地扶贫搬迁集中安置点等区域，带动贫困群众在家门口实现就业。在具体实践中，当地把

Q安置社区作为发展兜底产业的重要阵地。总的来说，Y区产业扶贫政策设计中重视人力资本开发、社会资本链接和金融资本扶持。

（1）香菇产业

Y区香菇产业规划在政策、资金、技术、风险防控等方面建立完善了一系列保障措施，对人力资本、社会资本和金融资本尤为重视。

人力资本发展方面，主要是重视技术培训，加强移民的生产技术能力。当地成立技术专班服务产业发展，按照“一村一名技术员”标准，把实训基地建到香菇大棚，培养技术骨干7 000余人，为香菇企业、实训基地和搬迁群众提供上门服务。具体而言，包括以下几个方面。一是引进专业技术人员。当地强化对龙头企业的支持力度，引进高层次专业技术人才，组建核心技术团队，聘请139名经验丰富的香菇种植技术员，分布于各个镇、村，确保技术指导覆盖到每一个棚架。二是组织种植技术培训。区香菇产业培训指挥部坚持定期与不定期开展视频培训，组织乡镇干部、驻村工作队、技术员、种植户开展多样化的培训，以现场培训为主，视频培训和发放资料为辅；乡镇积极组织多样化的培训，积极创新培训方式，采取多种形式进行宣传。三是培养本土技术骨干。鼓励乡镇自主聘请本土技术人员，积极参与香菇生产的各个环节，积极参加区、镇、村召开的香菇种植培训会，学习香菇种植技术，并通过“传、帮、带”发挥示范带动效应，不断壮大本土技术骨干队伍，促进香菇种植技术在Y区落地生根。四是落实全员持证上岗。区香菇产业指挥部对香菇业A公司全体人员、139名技术人员、制棒厂厂长、机械工、本土技术骨干开展全封闭的培训，并进行严格考核，通过笔试、面试后持证上岗，确保“专业人干专业事”；乡镇要负责对所有种植户进行培训，并按要求对其考核，考核合格后颁发证书。

社会资本发展方面，主要是引进企业，增强移民的社会资本链接。当地出台《关于支持食用菌扶贫产业园建设助力精准脱贫的若干意见》《关于推动香菇产业到户的若干意见》等优惠政策，实施人才引进补助奖励，降低厂房租赁费用，并实行入驻企业5年内回购企业资本补贴政策，对入园企业投资的关键设备给予20%补贴。此外，设立食用菌产业发展引导基金和企业扶贫贡献奖，对吸纳贫困劳动力多、缴纳税收多的企业给予奖励。

金融资本发展方面，主要是通过产业奖补、小额信贷和产业保险等方式，强化资金保障、提升农户参与积极性。一方面，通过产业奖补政策，鼓励菇农认购棚架和订购菌棒。根据《关于切实做好香菇棚架到户工作的通知》《关于做好香菇棚架到户验收工作的通知》《关于明确2019年秋栽香菇菌棒价格及产业奖补方式的通知》，区政府对认购棚架的菇农按1.5元/棒，分3年兑付进行奖补，对Y区内种植香菇的农户、大户按1.2元/棒的标准进行奖补。另一方面，积极开发小额信贷和产业保险。开发香菇扶贫小额信贷，为有种植香菇意愿的贫困户，提供“5万元以内、免抵押、免担保、全贴息”的扶贫小额信贷，进一步强化资金保障。同时，区财政与区人保财险公司合作，开发香菇综合收入保险，为全区所有菇农统一购买种植保险，重点防范因自然灾害、价格波动带来的风险，为产业发展系上“安全带”。

（2）袜业

Y区出台支持袜业发展的“黄金十条”优惠政策，重在引进企业、发展袜业产业集群，增强移民生计发展的社会资本链接。政策内容上，特别提到了袜业培训、员工子女托管、贫困人口就业数量等问题（案例2-13），表明政府对移民生计资本发展的重视，体现了加强企业带贫能力的发展意向。

当地政府高度重视袜业的引进工作，袜业办成员多次赴“世界袜都”——浙江省诸暨市大唐镇实地考察，了解产业发展背景，学习袜业生产经验。为争取更多优质袜企投资，袜业办策划了“袜业扶贫对接洽谈活动”。Y区区长、政协主席、区委常委、政府党组成员、袜业首席顾问、19个乡镇书记、6个区直部门负责人、7个金融机构行长等45位重要领导参加洽谈活动，亲自前往浙江诸暨市大唐镇和草塔镇进行对接。该活动起到了良好的宣传作用，后续袜企相继赴Y区投资。为进一步推动“袜业扶贫”，Y区出台《关于支持实体经济发展促进就业脱贫的若干意见》《关于支持浙江省诸暨市袜业企业助力精准脱贫的若干意见》《关于支持袜业产业健康发展的意见》《关于进一步加强扶贫小额信贷资金管理的通知》等一系列政策文件，明确支持袜业发展的“黄金十条”优惠政策。

案例 2-13：

一是给予厂房租赁优惠，前3年免租金，后2年按厂房面积适当收取租金。鼓励企业对厂房先租后买，允许将已付的厂房租金抵扣出让金，剩余出让金实行分期付款。

二是新引进企业购置袜机等设备的，根据不同类型分别按10%、15%、20%的比例给予补贴，设备安装投产后3个月内补贴兑现到位。

三是给予资金支持，对吸纳贫困人口就业5%以上的袜业企业和10%以上的其他经济组织，给予流动资金支持和政策倾斜。

四是采取“政银保”扶贫贷款模式，协调中国银行、邮储银行、农村商业银行等金融机构，开发法人信用贷、扶贫创业贷、“袜业贷”等定制金融产品，缓解袜业企业流动资金压力。

五是设立4支精准扶贫产业投资基金，撬动银行资本、社会资本支持袜业企业发展，引导袜业企业吸纳贫困人口就业。

六是对参与袜业产业培训、稳岗三个月以上的挡车工和机修工，给予员工培训补贴和稳岗补贴；对在袜业企业务工并签订三年及以上劳动合同的挡车工和机修工落实6万元的购房补贴；帮助解决员工子女托管问题。

七是扶持与袜业相关的上下游企业，打造袜业产业集群。对从事袜业原材料采购、袜机生产制造、维修服务、配件供应、产品销售等袜业上下游商户，在房屋租金、周转资金等方面给予相应补贴。

八是设立企业扶贫贡献奖，按照经济贡献度、外贸出口额和带贫能力，对吸纳贫困劳动力多、缴纳税收多的袜业企业及负责人给予奖励。

（资料来源：根据Y区易迁办2016年10月发布的《Y区易地扶贫搬迁补助标准》整理）

从Y区对袜企的扶持力度来看，当地政府高度重视袜业扶贫工作，通过租赁优惠、设备补贴、扶贫贷款等方式给予企业资金支持。同时，政府为带贫能力强的企业提供了更多的政策扶持，旨在鼓励企业吸纳当地贫困人口就业，加强对贫困员工的人力资本投入。

3. 社区生计安排

Q安置社区选址位于Y区新城区建设规划区，在交通、医疗、教育和经济方面具有一定的发展优势。整体而言，安置社区围绕入住群众吃、住、行、学、医等生活要素进行了生计安排，为搬迁移民提供了一定的自然资本、物质资本和社会资本基础。

自然资本方面，安置社区所在地依山傍水，具有森林资源、水资源等资源优势。森林资源方面，区森林覆盖率达60%，林业资源丰富，栎木面积46万亩，蓄积量138万立方米；气候环境方面，Y区地处秦巴山区汉水谷地，属亚热带季风区，四季分明，空气湿度适宜，是业界公认的香菇生产“黄金地带”，种出来的香菇色泽好、外观美、清香滑腻、质地纯正，多糖含量高，属于菇中精品。

物质资本方面，主要是集中配套建设基础设施和公共服务设施。一是提供菜园地。尊重搬迁移民的生活习惯和生产意愿，出台户籍自愿迁移、前三年物业费政府兜底、原土地山林承包权限不变等政策。此外，按每户1分菜园地的标准，在距离安置区1千米的LG村流转土地530余亩，成立专业蔬菜合作社。二是提供基础设施和公共服务。社区开通公交专线，每天往返14班；新建水厂，专供社区生活生产用水；安装变压器和太阳能路灯，水电路全部延伸入户；科学布放室外广播和安保监控设备，有线电视和Wi-Fi信号实现辖区全覆盖；按照城镇社区标准，建设社区便民服务中心、社区医院，升级改造小学，建设农贸市场。此外，社区地处Y区城郊交通要道，具有交通优势。三是配套商业服务。社区投资建设农贸市场1个、商业网点14个、临时商贸市场门面68间，为搬迁移民提供就近就业机会。

社会资本方面，主要是建立了社区基层治理组织，为搬迁移民生计发展链接了较为有利的社会资源。社区基层治理组织工作内容主要涉及社区基层治理和产业管理两部分。社区基层治理方面，社区优化健全了包括社区管理协调指挥部、镇党委、社区党委、社区下设的4个党支部及工作站，以及8个网格72个楼栋管理单元在内的三级管理体系队伍支撑，形成了“三员三长”基层社会治理基本队伍。产业管理方面，深入结合社区内部香菇扶贫产业园“依山就势、随湾就片”的分布实际，推动形成了“以党小组为核心、以菇农管理服务中心为引导、以技术员为技术支撑”的综合队伍体系，实现香菇扶贫产业园的党建引领、政府主导和科学指导。

（二）安置社区服务供给体系

生计活动不仅仅是就业人员的主观选择，对搬迁移民群体而言，搬迁到社区后的生计发展既是挑战，也是融入当地经济发展的机会，亟须安置社区提供相关服务支持。Y区本地就业结构单一，年轻劳动力以外出务工为主。搬迁后，为拓展移民生计来源，保障搬迁移民生计安全，安置社区从社区治理、党建引领和社区生计安排3个方面支持并促进搬迁移民生计来源的多元化发展。

1. 社区治理：建立社区生计秩序基石

搬迁移民来自不同乡镇，社区生产生活秩序的建立是搬迁移民发展生计的基础。Q安置社区成立管理协调工作指挥部，设立社区党支部及居委会，加强群众日常管理，开展十星级文明农户创建活动，举办形式多样的文化娱乐活动，促进移民融入社区、发展生计。

案例2-14：

一是设立一站式群众服务大厅。将乡镇派驻干部、社区工作人员、供电部门、供水部门、燃气公司、广电网络公司、物业、教育部门、人社部门等部门及人员服务职能均集中于社区群众服务大厅，确保入住群众在大厅享受一站式服务。

二是成立社区物业。社区干部职工带领物业人员，走入各家各户，摸清住户详细信息，收集群众矛盾诉求，及时化解。

三是建立社区微信公众号和微信群。通过微信公众号适时发布涉及社区的生产生活动态，公开服务部门及人员联系电话，引导群众关心关注社区，培养迁入群众的主人翁意识。按网格建立居民微信群，掌握群众心理状态和就业动态，引导群众加强自我管理。

四是开展“三家建设”。强化家风建设和人居环境整治，推动移风易俗。从引导贫困户形成良好卫生习惯做起，激发内生动力，培育勤劳家风。

（资料来源：社区内部资料）

通过设立一站式群众服务大厅、成立社区物业等方式，极大方便了搬迁移民日常的生产生活。此外，通过建立社区微信群、强化人居环境整治等方式，初步建立了社区治理秩序，奠定了搬迁移民生活有序发展的基础。

2. 党建引领：带动社区兜底产业健康发展

Q安置社区兜底产业发展规划中设计了党建引领下的产业发展体系。香菇产业发展方面，组建香菇扶贫产业园区党支部。组织长期种菇的23名党员成立香菇扶贫产业园区党支部，通过党员带头、先进群众跟进，领导、引导香菇扶贫产业园区2 000余名菇农“学党建促脱贫、听管理促和谐、学技术增收益”。此外，搭建10个片区生产互助组。结合菇棚分布规律，科学合理地将香菇扶贫产业园细分为10个生产互助组（片区），将20名乡镇干部派驻到社区，负责开展片区生产互助组（片区）的管理和生产互助。

袜业方面。一是派遣党建指导员兼任企业党支部书记。为强化非公企业党建，派遣区城投公司原党委书记进驻企业兼任企业党支部书记，指导企业完善“五个基本”，规范化开展党建活动。二是派驻优秀干部牵头搭建群团组织。将区委老干部局副局长派驻到企业兼任厂长助理，帮助搭建企业工会、共青团和妇联组织，并组织开展常态化“工青妇”活动，增强企业活力。三是组建区袜业办专项跟进服务。区级层面组建区袜业发展工作办公室，旨在解决企业落地、招工、发展过程中遇到的各类问题，优化营商环境。

安置社区兜底产业发展需要“主心骨”引领，即政府的组织协调力量（案例 2－15）。以党建引领为主导的产业发展体系设计，重视农户技能的提升以及引进企业在当地的发展融入，并集聚全社会力量提升兜底产业在当地的带贫能力。

案例 2－15：

社区设有香菇产业协调发展指挥部和袜业产业协调发展指挥部，19 个乡镇派驻干部到这里指导产业发展。袜业产业协调发展指挥部离我们指挥部不远，大概一千米左右。我们主要是负责协调组织农户的香菇生产，处理生产中的矛盾纠纷。平时我们吃住都在社区，农户矛盾纠纷比较多，我们经常要到旁边那个产业基地去处理一些问题。

（访谈记录：SQ20201113M3）

3. 社区生计安排：提供多样化生计活动

在易地扶贫搬迁政策和产业扶贫政策支持下，Q 安置社区生计安排以外出务工和兜底产业为主，同时促进“四小产业”发展和劳务输出，尽可能地提供多样化的生计选择。

案例 2－16：

一是配套兜底产业，加强就近就业。通过招商引资，引进全国香菇行业龙头企业 YG 菇业股份有限公司、“世界袜王”上海东北亚新等企业入驻 Q 安置社区，采取“公司＋基地＋贫困户”模式，走组织化、规模化、市场化产业发展之路，把劳动力吸附在产业链上。

二是发展“四小产业”，加强居家就业。引导留守妇女、老人等劳动力较弱的贫困户，发展小种养、小作坊、小庭院、小买卖，增加收入来源。

三是稳定劳务输出，加强外地就业。加强劳务扶贫对接，与知名企业建立订单培训机制，帮助易地扶贫搬迁群众就业。

四是建立“双帮”机制，强化区内就业。抢抓贫困地区企业IPO绿色通道政策机遇，建立政府帮助企业重组上市、企业帮助贫困群众就业增收脱贫的“双帮”机制。同时，采取“IPO绿色通道＋产业基金＋资本招商”机制，加强产业发展中的硬件、软件建设。

五是依托社区服务灵活就业。社区开发了物业、绿化、保洁、保安、网格员、楼栋长等服务岗位。同时，通过流转、代管原有土地，提供更多收入来源。

（资料来源：社区内部资料）

案例 2－17：

社区配套的香菇种植业劳作习惯类似于农业生产模式，适宜年龄偏大的劳动力；引进的袜业企业为现代化流水线工厂，其劳作模式适宜年轻的务工群体；社区及物业又为劳动能力有限的群众提供了简单直接的楼栋长、环卫、绿化、保安等众多岗位。多业态安置，确保想在本地就业的都能找到合适的工作。

对于四十岁到六十多岁的搬迁农户来说，迁入地安置区如果没有合适产业跟进的话，容易出现“两头跑”的情况。我们社区的香菇产业正好承接了这个年龄段劳动力的需求，照顾了年龄偏大劳动力群体的劳动特征和劳作习惯。香菇产业和传统农业有三个共通点：一是技术学会了就不复杂；二是有忙有闲，比较自由；三是收入比传统农业高，所以年龄偏大劳动力群体慢慢被吸引到这边的香菇产业园了。

（访谈记录：SQ20201109M1）

在提升年轻劳动力就业方面，社区主要通过巩固提升外出务工、发展兜底产业、鼓励非农经营和提供社区基层工作岗位，为年轻劳动力提供就业机会。外出务工方面，针对有能力、有意愿外出打工的年轻人，社区积极联系区内企业，定向提供就业岗位，同时加强劳动技能培训，向区外企业输送劳动力；兜底产业方面，香菇产业全产业链的布局正在拓展吸收年轻劳动力的进入，袜业为有意愿在家门口参加规范化工厂就业的年轻劳动力提供就业机会；非农经营方面，社区内部农贸市场、临时交易市场的配建，为创业人员提供了就业空间；社区基层工作岗位方面，网格员、楼栋长、物业、绿化、保洁、保安等服务岗位，为有志于参与社区治理的搬迁移民提供了就业选择。在提升中老年劳动力就业方面，主要是引导年龄偏大劳动力群体发展香菇产业。

安置社区生计安排考虑到搬迁移民各年龄层次的产业就业需求，为年轻移民群体提供外出务工和就近就业机会，引导中老年移民群体发展规模化香菇种植，在保障外出务工就业率的同时推进了搬迁移民的生计转型。

（三）生计政策的可持续发展潜力

当地政府从产业政策设计和政策推进过程中的组织建设两方面促进 Q 安置社区移民生计的可持续发展。一方面，社区生计安排内嵌于县域经济发展中的产业规划，因地制宜选择两大兜底产业作为社区生计发展主线之一；另一方面，当地成立发展政府组织、引进市场组织，保障搬迁移民生计政策落实到位。

1. 生计政策内容中的可持续发展潜力

从产业规划的主要内容及发展方向来看，安置社区生计安排具有一定的可持续发展潜力。首先，搬迁移民生计规划内嵌于 Y 区产业扶贫政策和产业振兴规划之中，具有一定可持续性；其次，当地因地制宜选择兜底产业，满足贫困群体就近就业；最后，当地重视产业的绿色发展，推进产业可持续发展。

首先，安置社区生计安排内嵌于区域产业政策和产业振兴规划。Y 区把产业扶贫作为治本之策，推行“1＋2＋N”产业扶贫模式，组建区、镇、村三级专业合作社和扶贫开发公司，强化产业扶贫利益联结机制。在区域产业发展背景下，Q安置社区探索推行“1＋2＋N”产业扶贫模式，壮大劳务经济的同时发展香菇业和袜业两大兜底产业，同时因户因地制宜发展“四小产业”。就社区空间分配而言，区香菇产业基地建在社区周边，袜业龙头企业及其生产车间入驻社区，社区成为发展两大兜底产业的重要阵地。步入全面推进乡村振兴阶段，Y区将加大对香菇产业、袜业的投入，延长产业链，发展更多层次的就业岗位，促进欠发达地区群众生计发展（案例2－18）。

案例2－18：

Y区易地扶贫搬迁项目将全区15 000多人集中安置在一起，靠香菇、袜业“两条腿”走路，实现移民生计发展和基本生活安全。Q安置社区基础设施建设按照城市化要求配套到位，大幅度改善了移民生产生活的基础环境。该项目是乡村振兴项目、城镇化建设项目和扶贫项目的结合体，是一、二、三产业融合发展的范例。Y区整体形成了种植、加工等较为完整的产业链，这种产业模式值得其他农副产品丰富的县（市）借鉴。

（资料来源：根据《秦楚网》2019年1月24日的新闻整理）

其次，因地制宜选择兜底产业。香菇产业方面，一方面，香菇生产有利于为山区农村剩余劳动力提供就业空间。香菇是劳动密集型产业，制棒时需要人工套袋，养菌时需要人工翻堆、检杂，出菇时需要人工采摘。香菇生产可充分发挥劳动力资源丰富、廉价的优势，提供覆盖产业链的多样就业机会。随着产业现代化的推进和产业链条的延伸，香菇产业对人才及劳动力的需求量会不断增加。另一方面，香菇产业发展扩大了物资、技术、资金的投入渠道，提高了林业发展的质量和市场竞争能力，最大限度地释放林业所蕴藏的丰富能量，有助于林农增收致富。Y区充分尊重市场规律和群众意见，把香菇产业的特性与Y区生态环境、气候特点、农村劳动力、交通区位等多方面因素充分结合分析，邀请专家学者和专业机构对本地生产的香菇进行品质检测，对当地规模化发展香菇产业进行了充分论证和科学规划，确定把市场前景广阔、群众容易接受、增收稳定的香菇产业作为易地扶贫搬迁安置的配套产业和精准扶贫的兜底产业。

袜业方面，当地牢牢把握“东袜西移”大趋势。2017 年初，Y 区水利部门挂职干部通过深入调研，了解到浙江省诸暨市大唐镇正实施“腾笼换鸟”政策，拟转移部分袜业产能，而 Y 区有大量贫困人口常年在家需要就业脱贫，建议 Y 区率先承接袜业产能的转移。Y 区委、区政府得知这一信息后，立即组团到诸暨市大唐镇考察。最终决定借助浙江省诸暨市“腾笼换鸟”策略和“机器换人”措施，依托本地劳动力和土地资源优势，承接诸暨市以织造业为主的产业转移，带动本地贫困劳动力尤其是弱劳力的脱贫增收。发展香菇、袜业两大兜底产业是当地考虑全局后的产业扶贫规划，调研中笔者询问为何选择香菇产业和袜业作为精准扶贫和易地扶贫搬迁后续发展中的兜底产业，Y 区易迁办局长向笔者详细阐述了他们在选择兜底产业类型时的思考和探索（案例 2－19）：

案例 2－19：

我们现在农村的一个现状就是，要么是留守儿童，要么是留守妇女，要么是留守老人，或者就是智力障碍者、残疾人等特殊群体，你让他们现在再去学一门新的技术，掌握一个新的技能，这是不现实的。所以说我们当时就综合考虑，选择了香菇产业和袜业。

为什么我们把香菇产业和袜业作为我们脱贫的兜底产业呢？所谓兜底产业，它有这样两个特点。第一个特点是它的产业链条很长，不仅是香菇产业，尤其是袜业，它的产业链条很长，一双袜子有很多工序，从最开始的纺线、织袜、包装到上市，有 50 多道工序，织袜环节技术相对较高，其他工序只要你愿意干，只是挣多挣少的区别。最简单的翻袜，一只一分钱，前不久我们去村里调研，一个 70 多岁的老太太，一个月有一千元的收入，一天两千双左右，然后熟练的人（一天）可以翻三千多双。还有缝袜子、定型、烘干、烫平、简易包装，我想表达的就是袜子制作的工序多，每个环节都可以参与进来，每个链条都能提供岗位。

第二个特点就是这两个产业的门槛特别低。拿袜子来说，除了那个挡车工技术含量相对较高，其实也不是太高，就是普通的初中生、技校毕业生，只要是他愿意干，只要是身强体壮，每个月拿四五千块钱一点问题都没有。香菇产业呢，一是我们鄂西北山区这边的老百姓过去都有种植香菇的习惯，所以它不是个陌生的产业，我们过去很多老百姓多少都了解这方面的东西。而香菇产业又是个相对劳动密集型的，所以用工需求量比较大。香菇产业和袜业有个共同点，也就是产业链条非常长。从最开始点菌，到上架之后，天气好需要把菌棒挪动一下，然后采摘、分拣、剪根、烘干等等都可以提供大量的就业岗位。

这两个产业都是只要你愿意干都能找到合适的岗位，所以区里把这两个定位为兜底产业。就是说不管你是留守妇女、留守老人，又或者是残疾人，你实在是既不能外出务工，也没有一技之长，甚至是你的身体就连楼都下不了，又或者说你因为其他方方面面的原因，不能外出务工，你坐在家里面都能把钱挣了。这就叫兜底产业。

（访谈记录：ZF20211109M2）

要实现兜底产业的“兜底”作用，有两个关键点：一是产业链较长，能够提供大量岗位；二是就业门槛低，只要愿意干就能干。Y 区是南水北调核心水源区，贫困发生率高，贫困人口基数大，在产业发展的选择上限制性因素较多。大力发展养殖业，会对水源造成污染；大力发展特色种植业，受地形、地貌限制较大，规模化种植难以展开。当地亟须引进一个带动能力强、就业形式灵活、属于劳动密集型的扶贫主导产业。香菇产业和袜业比较符合当地发展需求，以袜业为例，Y 区承接袜业产业转移，大力发展袜业产业带动贫困户脱贫增收具有得天独厚的优势。一是诸暨市大唐镇人力成本上升、土地资源紧缺，千亿元袜业产业急需“腾笼换鸟”。二是Y区有5万余名劳动力因照顾家庭常年在家，另有大量弱劳动力、半劳动力需要灵活就业，劳动力成本总体上比诸暨市低1/3甚至一半以上。三是袜业产业链条长、环节多、技术门槛低，既有袜机制造、纺纱等前端环节，也有袜子生产、包装、印刷等中间环节，特别是袜子生产后道工序所需的隐形袜机、缝头机、翻袜桩等设备，成本不高，轻巧便携，不占空间，特别适合贫困户居家发展。四是袜业生产投入少、见效快，天然与扶贫车间等脱贫攻坚政策相契合。2017年12月22日，Y区第十四届委员会第四次全体会议决定将袜业和香菇产业一起作为Y区精准扶贫的兜底产业、易地扶贫搬迁安置的配套产业和乡村振兴的支柱产业，确保贫困村发展可持续、贫困对象稳定脱贫有门路。

最后，重视产业的绿色发展。以香菇产业为例，当地重视产业发展中对环境的保护以及对资源的循环利用。Y区香菇产业发展相关政策强调（案例2-20）：

案例2-20：

一是要建设废水处理设施。可采取两种模式。其一，乡镇建设、区政府补贴。乡镇负责建设废水收集池，对生产废水进行环保处理；区政府按照每个收集池3～5万元对乡镇进行补贴。其二，部门建设、乡镇协调。SY市生态环境局Y分局负责组织建设废水治理设施；乡镇负责建设用地和相关矛盾纠纷的协调工作。

二是回收利用废弃菌棒。为妥善处理2018年香菇废弃菌棒，根据《关于Y区香菇废弃菌棒处理意见》，（区政府）按照0.1元/棒标准对乡镇进行补贴，乡镇统筹安排，负责对收购企业或菇农进行补贴。2019年在参照2018年处置方法的基础上，强化、细化相关措施，建立、健全长效机制，进一步实现“变废为宝”的目标。

（资料来源：根据《Y区香菇产业建设指挥部关于2019年香菇产业发展扶持意见》整理）

笔者在与 A 公司办公室主任访谈中了解到（案例 2－21），种植香菇使用的培养料主要是木屑、麸皮等农副产品下脚料，培养过程高温灭菌，整个生产过程完全不使用农药和肥料，不会对环境造成污染；香菇菌棒出菇完毕后产生的废棒，可以作为燃料或加工制作成肥料还田，对改善土壤结构、增加土壤肥力都有重要的作用，也不会对环境造成污染。

案例 2－21：

只要正确处理好菌材资源的节约、利用和合理开发的关系，就能彻底解决食用菌开发与生态建设之间的矛盾。在推进香菇产业化进程中，加强水土保持和环境保护，能够增加植被覆盖率、减缓自然灾害、提高环境质量、减少土地肥力流失，进而形成环境保护与生产发展的良性循环。此外，香菇产业化发展促进了二、三产业的快速发展，提高了林农的就业机会和收入水平，从而会减少对森林资源的人为消耗，间接保护了林业资源的可持续发展，并使森林资源调节气候和改善环境的功能得以充分发挥。

（资料来源：根据调研地 A 公司提供的资料整理）

发展香菇产业，要重视对当地生态环境的保护。一方面，要重视资源管理，正确处理好发展香菇产业与保护生态的关系。发展起步阶段，可以适度使用本地原材，但要科学划定林木采伐范围，明确采伐计划，落实监管责任，严明间伐政策，规范采伐行为，强化巡查管护。另一方面，要重视植树造林，大力发展菌材种植基地，为香菇产业可持续发展打下坚实基础。只要处理好以上关系，不但不会破坏生态，还会促进林产业发展，达到充分利用林业资源、为民造福的目的（案例 2－21）。为增强香菇产业发展后劲，Y 区开始香菇产业原料林基地建设工作，2018 年出台《Y 区香菇产业指挥部关于开展橡子菇耳林基地直播造林的通知》等文件，决定全面落实香菇产业原料林基地建设工作，在大幅增加森林植被的同时，大量增加香菇原料林贮备。

2. 组织建设中的可持续发展潜力

从政策实施中的组织建设层面来说，当地成立技术专班服务产业发展、引进龙头企业，一定程度上推进了生计政策落地落实落细，保障了当地搬迁移民生计活动的持续发展。

政府组织建设方面，政府为扶持两大兜底产业发展，组建产业发展专班。香菇产业方面，区级层面设立香菇产业建设协调指挥部和香菇办，19个乡镇组建技术服务指挥部，340个村成立技术服务小组。在社区内部推动形成了“以党小组为核心、以菇农管理服务中心为引导、以技术员为技术支撑”的综合队伍体系。通过组建香菇扶贫产业园区党支部、搭建10个片区生产互助组以及保障15名技术员驻园指导，保障香菇种植在当地的融入发展。袜业方面，2017年，区成立袜业扶贫指挥领导小组，区主要领导担任指挥长，建立一个企业、一名区领导、一个乡镇干部、一个部门、一个专班“五个一”服务机制。一方面，聘请诸暨市大唐镇退休干部担任区政府袜业产业发展首席顾问，参与政策制定，协调解决问题。另一方面，各乡镇成立袜业办，专人联系服务，随时随地解决企业遇到的各种问题，为市场监管、税收、海关、港口、交通、质检、银行等生产经营全过程提供全方位代办服务。

市场组织建设方面，引进龙头企业同时带动本地企业发展。香菇产业方面，初期Y区引进农业产业化国家重点龙头企业YG公司，依托“EPC+O”项目的建设实施运营发展香菇产业，由YG公司包技术、包回收。在后期，为适应香菇产业发展，加快本土化推进，Y区培育了香菇产业A公司，全面接管原YG公司相关业务，组织、带领全区农户发展香菇产业。

A公司总部位于T镇食用菌循环经济产业园，距Q安置社区10分钟车程。该公司建成自动化制棒工厂，实现制棒、灭菌、接种多流程的自动化流水线。同时，还建成现代化养菌车间，通过温、湿、氧智能控制，实现香菇周年化生产。在该龙头公司带动下，当地培育了区有香菇产业园区、镇有制棒点菌车间、村有扶贫互助专业合作社、户有香菇种植棚的“养加销”全产业链条。同时，Q安置社区许多移民群众通过参与香菇产业各环节，逐步实现了脱贫增收（案例 2－22）。

案例 2－22：

香菇生产的传统制棒工艺流程长、投工投劳大，出菇率低。以灭菌为例，以前，农户需要架柴烧火，守着棚子不眠不休 72 小时，现在利用专业技术和设备高压蒸 8 个小时就能搞定。养菌环节需保持 28℃左右的恒温，工厂化生产模式能够保证较高的菌棒成活率。A 公司办公室主任 A1 表示，从配料、制棒，到灭菌、冷却、接种、养菌，这些流程全部在工厂完成。农户出资 4.5 元/棒购买菌棒后，上架一周左右即可采摘，后续几茬只需将菌棒泡水。

（资料来源：根据《湖北日报》2020 年 11 月 5 日的新闻整理）

袜业方面，依托 B 龙头企业，采取“公司＋扶贫车间＋扶贫作坊＋贫困户”模式带贫发展。同时通过投资、接管、收购、合作等模式，激活带动实力较弱、订单不足、管理能力差、招工困难的袜业企业，实现以强带弱、优势互补、抱团发展，不断提高市场竞争力。依托 B 龙头企业，引进浙江诸暨大唐袜业生产及上下游企业 20 家，在 19 个乡镇建设袜业扶贫车间，将生产线由厂房延伸至各村扶贫车间和贫困户扶贫作坊，形成了“产业园＋扶贫工厂＋扶贫车间＋扶贫作坊”的袜业扶贫路径。全区共签约袜机 5 920 台，投产袜机 2 858 台，实现日产袜子 80 万双、日产值 160 万元，2019 年袜子产量 2.5 亿双、实现产值 5 亿元，出口交货值约 1 000 万美元。

三、小结

易地扶贫搬迁移民生计起点是本章的主要内容，也是本研究的起点。搬迁后，移民生活空间从农村社区转为城市社区，其生计资本分布呈自然资本流失、物质资本提升、人力资本持续匮乏、社会资本流失、金融资本相对提升的基本特征。社区移民中，许多年轻人表示愿意搬迁，也对现有生活较为满意。但对于部分老年人来说，一开始他们并不愿意搬迁，尽管因为各种原因做出了搬迁的决定，但搬迁后他们对于在安置社区的生活现状是比较不满的。由于没有土地，他们失去了生计的退路和安全感，只能依赖国家兜底和家庭支持维持生计。

搬迁并不意味着脱贫，我国以往的移民扶贫经验也表明不能重搬迁而轻后续帮扶。面对搬迁后的生计资本存量变化，社区移民能利用的政策资源主要来自当地易地扶贫搬迁政策、产业扶贫政策以及社区生计安排。笔者通过政策文本和调研访谈分析，梳理了相关政策中的生计资本因素、安置社区生产生活服务供给特点，力求提炼搬迁移民后续生计发展成效突出的基础和主要原因。笔者认为，当地生计政策具有一定可持续发展潜力，主要体现在当地高度重视搬迁移民生计安全和生计转型问题，把搬迁移民生计转型发展纳入区域产业政策和产业振兴规划，为搬迁移民提供了强大的生计资源和生计支持。总的来说，案例社区移民的生计起点表现为其生计资本分布和可利用的生计政策资源。在政策帮扶、社区支持和自身积极发展的综合努力之下，搬迁移民的生计资本逐渐积累、生计活动日渐丰富，生计状况得到总体改善。

第三章 生计策略：搬迁移民资产建设过程性分析

资本匮乏是贫困最明显的表现形式，易地扶贫搬迁实践中有许多的资产建设元素。资产建设理论认为应用“收入＋资本”标准来衡量贫困，因为资本积累与再创造能够推进贫困群体生计可持续与稳定脱贫。在易地扶贫搬迁中，住房条件恶劣、就业机会缺乏、对外交通不便等问题是搬迁前贫困户面临的主要问题，解决这些问题的关键是在资产建设领域内进行相应的投资（陈坚，2017）。易地扶贫搬迁移民可持续生计框架下，生计策略与生计结果不仅与资本积累密切相关，还与资本的实施机制、资本性质、资产建设时长、个体特质、外界环境等密切相关。生计资产建设是个体内生能力与外部政策赋能组合下的资本积累及其多样化过程，体现了易地扶贫搬迁移民生计策略的微观形成过程。

一、人力资本建设

人力资本水平取决于家庭劳动力人数、健康状况、技能水平等因素。苏芳（2015）认为，人力资本是生计发展的基础，包括健康、知识和技能、劳动能力、适应能力等。周丽等（2020）进一步研究认为，人力资本是移民生计策略选择由农业主导型向非农经营型转化的显著影响因素。人力资本的价值在于更好地利用其他几种生计资本，从而取得积极的生计输出。内生增长理论揭示了人力资本对收入增长的作用机理，即在完善的市场机制下人力资本具有增收效应，人力资本的数量和质量对农户的增收起着重要作用。人力资本匮乏是贫困发生的重要因素之一，具体的特征表现为：劳动力数量不足、文化程度不高、健康水平低等。本研究参考既有研究基础和案例社区情况，从生产技能、适应能力、资源利用能力、治理能力四方面阐述搬迁移民人力资本建设特点及其过程。

（一）参与香菇培训：生产技能的有效提升

马克思（1867）指出，“劳动生产力是由多种情况决定的，其中包括：工人的平均熟练程度，科学的发展水平和它在工艺上的应用的程度，生产过程的社会结合，生产资料的规模和效能，以及自然条件”。同时，他还认为教育或训练可以使一般的人“获得一定劳动部门的技能和技巧，成为发达的和专门的劳动力”。对于到达适度年龄的劳动人口，可以实现技能的重新塑造或进一步提升的渠道是个人或家庭变换就业机会而进行迁移的活动及个人参与的各类职业技能培训（陈瑛等，2018）。能力或技能是人力资本的核心内容，传统人力资本理论认为，教育和职业培训对于人力资本的提升具有重要作用。生产技能是人力资本的重要体现，技能培训对劳动者的收入特别是非农收入有非常显著的促进作用，主要体现在不同培训类型、培训时间以及不同培训经费来源对收入的影响（何仁伟等，2017）。贫困的根源在于能力贫困，贫困群体往往受教育程度低，学习能力差，就业技能匮乏。阿玛蒂亚·森（1999）认为，贫困不仅仅是收入低下，贫困的实质是人们缺乏改变其生存状况、抵御各种生计风险、抓住经济机会和获取经济收益的“能力”。贫困群体之所以陷入贫困，是因为他们缺乏能力或者发展能力受到剥夺。在农村贫困地区，能力贫困主要表现为教育、社会保障、健康和机会等方面的机会被剥夺。目前，安置社区配备了优良的教育和医疗设施，在此基础上提升生计能力，关键是要发挥培训等能力扶持项目的实质性作用，以此提升贫困群体的生产技能。

香菇产业和袜业是当地引进的新产业，为了让贫困群体尽快掌握生产技能、发挥生产力，当地建立了相关技术培训体系，为搬迁移民生产技能提升提供了很大的支持。其中，香菇产业的技术培训体系初步形成于社区香菇种植试点期。为了使农户平稳渡过搬迁后生计发展、加快适应香菇种植，社区开展了香菇种植试点工作。2017 年，Y 区结合易地扶贫搬迁安置工作，在 Q 安置社区开始进行香菇规模化生产试点，建设占地 1 165 亩的香菇产业示范园，配套点、养、种一体化大棚 500 多个，香菇种植小棚 1 500 多个。当年年底，产业基地一期建成投产，首批入驻的 300 户搬迁群众种植香菇 100 万棒，户均增收 1.2 万元，实现了产业发展“开门红”。2018 年，Y 区香菇产业在全区 19 个乡镇全面铺开。试点阶段，政府免费提供菌种和大棚，公司免费提供种香菇需要的生产工具。最终，社区 300 户移民家庭均掌握了香菇种植技术，香菇产业效益达到了预期效果。

具体来说，2018 年区政府按人均年 10 万元的标准向龙头企业购买 250 名技术员的技术服务，分布到 Q 社区和各村，为全区菇农提供技术指导（案例 3－1）。2019 年，基于菇农掌握了一定香菇种植技术的实际，A 公司技术人员精简到 139 名。

案例 3－1：

我们在支部搞香菇培训，发学习手册，学完还要考试，60 分以上奖励装香菇的塑料框或者一些种香菇的工具。这种培训一个月搞两次，除了香菇企业的技术人员随时随地指导，还有科技局、农业农村局的专家来培训讲课。这个培训从 2017 年开始，一年开两次培训会，每次培训一周，一般 1 户去 1 个人，农户积极性很高。

（访谈记录：SQ20201113M3）

为了确保出菇的质量，当地针对菌棒降温、装箱、消毒、点菌、搬运上架、膜网搭盖、温度监控等环节进行专业培训。通过公司技术人员的指导、技术培训现场会和视频培训会的举办，社区菇农基本掌握了种植流程和主要技术环节。当然，这与个体特质息息相关，吃苦耐劳型菇农往往最先成为“种菇能手”。案例 3－2 中这位搬迁移民的父母自搬迁后一直在种香菇。搬迁前，她们一家在外租房子，她父亲在工地上做事，母亲在超市做收银员。她的父母以前完全没种过香菇，得益于技术员的指导，再加上“能干”“能吃苦”，种菇收益成为一家重要的生计来源。

案例 3－2：

我家主要是父母在种菇，他们在这是最早种菇的那一批，很早就报名种菇了，当时算是种得最好的。我妈属于特别能干、特别能吃苦类型的。当时有技术员指导，然后自己慢慢学。第一年肯定还不是种得特别好的，后面第二年就有经验了，然后再根据技术员的指导，自己又总结了一些经验。这边种香菇的一般年龄稍微要大一点点，可能对这方面不太懂，技术员肯定要指导，然后平时去帮忙看，发现他们哪做得不好或者是不对的，要及时给他们提醒。

（访谈记录：YM20201113F1）

在 Q 安置社区，还有不少这样通过认真学习香菇技术最终实现脱贫发展的例子。在区级层面“部门帮建、干部帮干”的行动下，区、镇、村三级干部全员上阵，带头学习香菇种植技术。在案例社区，社区干部带头学习相关知识和技能、动员搬迁移民参与香菇产业，在菇农生产技能提升方面发挥了重要的带动作用。2020 年，A 公司推行多季菇种植。为了让社区菇农熟练掌握多季菇生产各环节要领，区政协通过多方调研、协商，采取菇农到区多季菇示范基地一对一跟岗学艺的办法，提前分批、分期对 300 多位菇农代表进行生产技术轮训。在政府、社区和企业合力带动下，社区菇农种植技术逐步提升。

（二）进“大袜厂”务工：适应能力的初步提升

适应概念在心理学中用来表示对环境变化做出的反应，一般来说分为生理适应、心理适应和社会适应。其中，社会适应是对社会生活环境的适应，包括为了生存而使自身行为符合社会要求的适应，和努力改变环境以使自己能够获得更好发展的适应（杨彦平，2010）。一般来说，社会适应包括文化适应、职业适应、学习适应、心理适应等不同层面的适应内容。其中，职业适应是指个体从事某项工作时必须具备的生理、心理素质特征，也是指人与职业之间在社会与经济活动中达到相互协调和有机统一的程度。在案例社区兜底产业发展中，香菇产业和袜业分别是农业现代化生产模式和工业化生产模式，对于搬迁移民来说，搬迁前他们的生计以务农为主，需要时间适应当地兜底产业发展模式。这种在生计转型过程中的社会适应，简而言之，就是搬迁移民参与兜底产业发展中的职业适应。只有与相应工作要求匹配的适应能力得到有效提升，当地兜底产业的就业带动模式才能发挥效用。

B公司在案例社区袜业扶贫基地设有袜厂，当地人俗称“大袜厂”。与农业生产不同，袜业生产对工人上班时间要求非常严格。部分搬迁移民，习惯了日出而作日落而归，农闲与农忙相间，很难适应工厂化的打卡上班模式。

案例3-3：

进袜厂务工的贫困群众多数是世代种地的农民。他们刚进厂时十分不习惯，不习惯按时按点上下班、不习惯重复一个工序、不习惯厂里的卫生制度……甚至有些“烟民”在严禁烟火的生产车间里抽烟。还有一些种地“老把式”突然之间变得笨手笨脚，状况百出。袜厂是按件集资，残次品多不仅浪费原材料，工人收入也高不起来，工作的积极性也受到打击。

（资料来源：社区内部资料）

案例3-4：

这边的工作人员流动性比较大。因为他们等于从农民转为一个产业工人，有一个适应的过程。农民在家里原来种地是很自由的，忙的时候就到地里去做一做，不忙的时候往往是比较松散的。但是工厂肯定是有工厂的一些制度，以制度来要求人，请假多次的话，厂里机子开不起来就发挥不了效益，对不对？是这个情况。观念上有一个过程吧。从农民工转到产业工人，这肯定是一个很大的转变过程，需要时间的沉淀，所以没这么快。

（访谈记录：QY20201111M1）

针对搬迁移民在袜厂中的职业适应问题，政府、社区和B公司多次进行实地调研，深入了解其务工困境。当时，这种农户职业转型难引发的袜厂招工难现象在Y区不少乡镇都有体现。当地政府高度重视这个问题，区袜业指挥部分成五个督导组，由相关指挥长带队，与乡镇领导一起商定解决企业招工、袜机投产等方面的问题，并制定本乡镇袜业产业推进思路及措施。总体而言，区袜业指挥部采取了以下措施：第一，针对各袜业企业招工问题召开了多次专题协调会，协调各部门各乡镇加强配合，广泛宣传；第二，为了抢抓春节招工黄金期，联合区扶贫办发布《关于切实解决袜业企业用工难问题的通知》，进一步压实区政府各部门的招工责任；第三，为了有效解决袜业龙头企业的招工问题，联合扶贫办发布《关于做好Q安置社区精准扶贫易迁对象脱贫增收帮扶工作的通知》，力求压实各包保单位的招工责任，确保龙头企业能够全面投产，充分发挥易地扶贫搬迁配套产业的带贫减贫作用。具体到案例社区来说，在当地政府、B公司以及社区的组织协调下，B公司进行了以下调整：第一，通过加强技能培训，逐步改变农户的务农习惯和思想观念；第二，积极探索适应当地农户习惯的管理方式，厂里工作制由江浙一带“两班倒”转变为“两班倒和三班倒”相结合，给予搬迁移民适应工厂化模式的适应期；第三，适当调整生产工序，简化挡车工的生产工序，将翻袜、分拣等工序放到后道工序上，增加每名挡车工照看的机台数，并适当地降低生产每双袜子的工资单价，在不减少产量的前提下，减少挡车工的需求量，从而缓解挡车工招工压力；第四，加强人文关怀，通过提供免费食宿、购房福利、托管班等方式加强员工福利待遇；第五，制定本土化的招聘简章，并适当放宽招聘条件和提高薪资待遇。

在这种大幅度的公司制度改革之下，社区进厂务工人员逐渐适应了工厂化生产模式，务工人数逐渐上升并稳定下来，搬迁移民职业转型难的问题基本得到缓解。总的来说，搬迁移民在袜厂务工中的适应能力提升主要依靠政府、企业、社区三者的联合带动。以B公司托管班为例，为了降低袜厂务工人员流动性，区袜业指挥部建议B公司开办员工适龄子女托管班，最终在政府、社区、幼儿园、B公司的多方协力推动下，袜厂员工学龄子女托管班于2020年11月16日开班。该托管班是针对袜厂员工的公司福利，其托管学生的家长必须是在袜厂务工的Q安置社区居民。目前托管班配备有一名驾龄15年的专职司机和两位女老师，其中，幼儿园老师有小学语文教师资格证和学校实习教学经历，小学老师为小学数学专业师范生，有学校实习教学经历。在周一至周五的托管时间内，有专车和老师前往社区幼儿园和小学接学生，晚餐由公司免费提供，家长下班后直接带孩子回家即可。B公司托管班的开办，解决了进厂务工人员难以兼顾家庭的难题，进一步提升了其职业适应能力，进而推进搬迁移民职业转型和就近就地就业（案例3-5）。

案例3-5：

我们作为爷爷奶奶，文化程度不高，教导孩子做作业非常吃力，有了公司给我们孩子学习的这个机会，也帮我们解决了一个大难题。特别感谢公司为我们员工举办的这个托管班，使我们在工作上无后顾之忧。

（资料来源：社区官方微信公众号）

（三）在家门口就业：资源利用能力的加强

社区为了方便居民了解政策动向、社区服务和公共活动安排，建立社区官方微信公众号和网格微信群，同时也通过广播、纸媒、多媒体、“户户走到”等方式进行政策宣传。在社区支持和个体能动性发挥的综合作用下，搬迁移民的资源利用能力得到发挥提升，社区有劳动力的家庭实现至少一人就业，同时女性移民群体就业率也有所提升。

社区充分盘活小镇商铺和农贸市场，尊重部分迁入群众的产业发展基础和创新创业意愿，鼓励具有小作坊、小编织、小加工、小买卖经验的农户，或居家或租赁商铺或进驻农贸市场继续发展“四小产业”，累计带动近400人脱贫，其中包括部分残疾人居民。以商业网点以及房屋租赁权拍卖会为例，2019年7月17日，《SY日报》和Y区人民政府网公开发布Q安置社区商业网点及农贸市场房屋租赁权拍卖公告。在政府和社区有力宣传下，社区居民积极参与竞拍，报名现场人潮涌动。2019年7月25日，社区举行拍卖会，最终成功拍出商业网点8个标的和农贸市场18个标的。2019年8月6日，社区又通过张贴公告、发布微信公众号信息等方式继续宣传房屋租赁权拍卖事宜，拍租标的物主要是社区农贸市场经营摊位（商铺），包括水产商铺、活禽商铺、日杂百货铺等8个商铺。截至本书成稿时，社区的网点和商铺基本在正常运营。在调研走访中笔者了解到，有位残疾人居民在社区内部开了一家便利店，其开店过程表现了个体对社区资源的充分利用（案例3-6）。

案例3-6：

我是去年（2019年）5月份回来的，那时候我这个房子给分下来了，我回来拿钥匙的时候就跟社区报备了一下，就说因为我两个手都没有了，干不了其他的，想在社区这里开个店。我们社区有一个公众号，比如说有什么信息，有什么事情，直接在公众号上就可以看到。竞拍这个消息我是在公众号看到的，因为我提前报备了，后来社区工作人员直接给我们打电话，就告诉我们这个竞拍的时间，问我们能不能回来。

（访谈记录：YM20201119M1）

这位搬迁移民以前在外地打工发生了事故，两只手部分关节截肢。知晓搬迁地点后，考虑到安置社区人口的密集性，他计划在社区开店以维持基本生活。于是，他主动跟社区报备了家中困难情况，提出他的诉求，希望社区给予帮助。平时，他也比较关注社区动态，在社区官方微信公众号上了解到社区商铺竞拍相关信息。由于他报备过，社区这边也跟他保持联系，及时向他通知相关事宜，最终帮助他竞拍成功。社会排斥视角下的权力贫困理论认为，贫困群体如果被排斥在主流经济、政治、社会、文化等活动之外，即便拥有足够的收入、足够的能力，也依然可能陷入贫困。除了自身积极争取机会之外，制度实施过程中对个体诉求的支持配合也对贫困群体的减贫发展起着很大的作用。在个体的积极争取、社区的支持配合以及信息传播渠道畅通的条件之下，这位社区居民身残志坚、转逆为安，成功在社区扎根谋生。

长久以来，女性面孔被遮蔽在农村生计发展中，随着农村“空心化”现象的凸显，妇女实质上已成为农村家庭生计发展的中坚力量。同时，伴随着全球金融危机背景下的产业升级带来的负面效应和地域性产业转型，外出务工劳动力回乡就业和创业的人数不断攀升（王西玉等，2003）。其中，女性群体返乡的数量也在逐渐增多。在易地扶贫搬迁移民群体中，外出务工仍是男性就业首选，许多妇女留在家中照顾老人和小孩，发展妇女就业成为增加搬迁移民家庭收入的重要方式。在Q安置社区，不少女性劳动力积极寻找就近就业机会，其就业类型基本有三种：参与社区基层管理（案例3-7）、加入兜底产业和在扶贫车间务工。

案例3-7：

搬过来后，社区不是招聘楼栋长嘛，我在家带小孩，想着这是兼职，感觉工作也比较简单，就去面试，然后当了楼栋长。后来社区又招网格员，我就去考了网格员，笔试通过，当了半年网格员。后来社区又招专职工作者，我又去考了，现在一直在干这个。

（访谈记录：YM20201110F1）

中国社会遵循“男主外女主内”的劳动分工模式，在此背景下，男性作为一家之主，往往背负着更大的生计压力。在安置社区也是如此，一般男性选择外出务工，妇女则留守在家。社区基层管理工作的收入虽然比外出务工的收入低，但胜在离家近、更稳定，这恰好契合了社区留守妇女的就业需求。因此，一些年轻女性居民积极参加社区基层工作应聘，不断积累基层工作经验，最终成为社区基层治理的重要力量。除此之外，不少社区留守妇女在社区带动和自身积极就业的作用下，在社区兜底产业和扶贫车间中找到了工作机会。例如，案例 3－8 中这位搬迁移民积极寻找社区就近就业机会，主动向车间主任和社区熟人问询扶贫车间工作要求和收入水平，通过合理利用身边信息资源，最终选择了适合自己务工的地点。

案例 3－8：

2019 年 2 月左右搬来，2019 年 10 月左右在这工作。之前在外地工作，做小生意卖饭，辞工回来就到这做工了，挣点零花钱。感觉在这生活比较担心以后老了收入没有怎么办，养老不能靠儿子，要靠自己。我打听了几个作坊，这里最适合我，时间自由，也不会很累，边做事还可以边一起聊聊天。

（访谈记录：YM20201112F4）

（四）参与社区治理：治理能力的培育发展

20 世纪 90 年代，国外政治学、管理学和经济学领域开始出现大量以“治理”为研究对象的专著和论文。詹姆斯·罗西瑙（2001）从治理与规则、治理与秩序的角度定义治理，指出“治理”与“政府统治”并非同义词。政府统治意味着由正式权力和警察力量支持的活动，以保证政府制定的政策能够执行；治理是由共同目标所支持的，但这个目标不一定需要依靠强制力量使别人服从来实现。治理理论引入中国后，众多学者结合本土实际展开相关分析和阐述。俞可平（2003）指出，正是由于国家和市场的失效才推动了治理理论的研究，治理更多强调的是多元化主体间的协商合作。简而言之，治理理论强调的是公民、政府、市场、社会共同参与治理，建立良好的合作关系，进而构建网格化的治理体系，最终实现公共利益的最优化。治理作为弥补国家和市场两种配置资源的手段，在实践中仍然存在失灵的可能。金太军等（2016）指出其失灵原因可能在于：第一，治理理念与实践关注的重点是多元主体间的协调与合作，但似乎没有更多强调公平和公正价值；第二，治理可能导致现有政府的空心化，或沦为政治家推卸政治责任的借口。基于此，国际货币基金组织、联合国亚太经社会等提出“善治”概念，后来国内也开展了相关本土化研究。总的来说，治理更强调公民的有序参与、多元主体间协作与社会公正。

在社区的场域中，社区治理意味着多元化主体共同参与社区公共事务的管理和公共服务的提供。善治可以说是一种社区治理目标，只有加强公民参与、完善多元主体协作机制、推进法治建设，才能真正实现公共利益最大化。在案例社区，社区基层治理岗位吸纳了一批素质较高的搬迁移民，尽管他们行使的是“政府”的职责，但在实际工作中他们更能理解贫困群体的生活处境和心理活动，更能发挥“善治”作用。通过他们的引领带动，社区内部居民之间烦琐的矛盾纠纷得以化解，搬迁移民的社区参与率也大有提升。同时，这些加入社区治理队伍的“领头人”，自身也在参与社区治理的过程中提升了治理能力。目前，案例社区形成了以“社区党支部-党小组组长-党员”和“社区管委会-网格员-楼栋长-居民”为主的基层治理体系。社区治理体系提供了社区专职人员、网格员、楼栋长等基层管理岗位。其中，楼栋长属于社区公益性服务岗位，无固定工资，考核合格者每月有300元津贴补助，优秀工作者可参与选拔社区网格员；社区网格员招聘对象为具有中专（高中）以上学历、38周岁以下的安置社区居民，应聘者需要参加面试，合格者工资2 000元/月；对社区专职人员的招聘要求最高，应聘者须有一定文化基础、了解扶贫政策、会使用办公软件，具体招聘要求如下：

> **一、基本条件**
>
> 1. 基本要求：品行端正，身心健康；服务意识强，熟悉办公软件；遵纪守法，无违法犯罪记录，无不良征信报告。
>
> 2. 学历：中专（高中）及以上学历。
>
> 3. 年龄：35周岁以下（1984年7月1日以后出生）。
>
> **二、招聘程序**
>
> 1. 笔试。考试内容及分值：精准扶贫50分＋主题教育50分＋办公软件实际操作100分。
>
> 2. 面试。面试成绩100分，时间为12月底。根据报名情况，参照报名对象居住网格，组织面试。具体时间另行通知。
>
> 3. 总分计算规则。笔试成绩乘1/4＋面试成绩乘1/2。
>
> **三、聘用人员的使用和待遇**
>
> 1. 对此次招聘的人员采用劳务派遣方式。
>
> 2. 聘用人员工资待遇：社区专职工作人员2 800元/月；缴纳社会保险；食宿自理。
>
> （资料来源：根据社区微信公众号《Y区Q社区专职人员招聘简章》整理）

笔者重点摘录了社区专职人员招聘中的关键信息，总体来说，社区基层治理岗位吸纳了不少素质相对较高的贫困群体。为提升他们的工作能力，社区定期召开社区治理业务培训会，针对实际问题展开详细指导。此外，社区通过定期开展社区工作人员考核测评、“流动战旗”考评通报会，督促社区工作人员、社区网格和各支部提高工作积极性与办事效率。在工作技能培训和日常工作开展过程中，就职于社区基层岗位的搬迁移民摆脱了“贫困”的标签，以另一种视角审视贫困群体的行为，在提升治理能力的同时也加深了对贫困现象的反思。

调研过程中，笔者发现网格员、楼栋长等社区基层工作人员常常入户了解搬迁移民家庭情况，对一些特困家庭的情况基本都能做到心中有数。总的来说，一些社区居民素质不高，社区治理难度较大。针对这种情况，一些工作人员积极调整自身心态，分清工作重点，在不断地协调沟通中学会了如何解决群众矛盾纠纷，如何做好群众工作，如何处理干群关系，逐渐形成了自身的治理策略（案例 3-9）。可以说，在积极参与社区治理的过程中，搬迁移民的治理能力得到了充分培育发展：一方面，社区治理需要做好群众工作，在实践中能迅速提升工作者的组织协调能力；另一方面，为加强社区治理队伍稳定性和专业性，社区领导偏重于选择有一定工作经验且素质较高的留守妇女作为社区基层工作人员。在这种正向循环中，从事社区治理工作的搬迁移民群体从起初难以适应到现在基本胜任，逐渐成为社区治理的关键力量。

案例 3-9：

我是网格员兼楼栋长。平时我重点关注那种特别困难的，其他的没有太关注。我感觉太关注了，人家（会）天天来找我，有的人发现地上有个烟头就打电话给我，不关注人家，他自己也能活下来。除非是那种真的是很困难的，上报社区了，我们这都会去了解情况想办法解决。

我最近印象比较深的事就是，前段时间网格建微信群，要实名制，有个人扯皮，问为啥要实名制。后来听说这个人不上班不挣钱，没钱就要打他爸妈要钱。有些人哭穷，还跑我跟前哭穷，但是人家家里有车，其实不穷。我们这相当复杂，你来的时间短，可能接受不了。我刚来的时候，我也接受不了，咋还有这种人。

（访谈记录：YM20201125F1）

此外，社区基层治理团队中的女性力量不容忽视。笔者认为，外出务工等就业经历提升了社区留守妇女的就业能力，为搬迁移民参与社区治理和提升治理能力提供了基础条件。目前，社区专职人员和网格员多数为女性移民群体，其中不少人搬迁前有外出务工等就业经历。尽管女性在劳动力市场上处于弱势，但对于处于贫困的女性群体来说，外出务工的经历本身就是一种赋能。王永洁（2019）指出，女性群体在城市劳动力市场上经常面临同工不同酬和就业机会不平等的问题。卢海阳（2018）等进一步指出，女性的就业结构和劳动收入还受到婚姻状况、人力资本等因素的影响。但不可否认的是，外出务工经历仍然给女性贫困群体带来一些积极的变化。曹志刚等（2016）指出，外出务工提升了女性的工资收入、家庭地位，转变了婚姻观念，增强了自主和现代性意识，等。袁超等（2021）利用2018年中国劳动力动态调查数据（CLDS），从女性经济赋权的理论视角探讨城市流动经历对返乡女性非农就业选择和收入的影响，实证结果表明，流动经历一定程度上改变了农村女性的就业观念，提高了女性的经济赋权地位。在调研过程中，很多时候，笔者都是在这些社区基层工作者的带领下进行入户访谈，因而能够切身感受到她们在工作中的细致入微，以及在解决居民矛盾纠纷、减少社区安全隐患等方面发挥的重要作用。可以说，女性移民群体已成为社区治理队伍中不可替代的“她”力量（案例3－10）。

案例3－10：

搬迁初期，社区“两委”刚刚组建，社区党员数量不多，年龄普遍偏大，党组织缺乏活力，开展活动不多，发挥作用不够。社区工作者从社区居民中选聘产生，工资待遇较低，队伍稳定化、专业化、规范化程度不高，难以胜任部分工作。

之前社区专职工作人员也有不少男性，但有个问题就是工作人员流动性很大，不利于工作的开展。后来招聘时，为了降低员工流动性，促进社区工作稳定开展，主要选择家庭条件相对较好、身体健康、需要在家带孩子的女性。经过几年的锻炼，社区工作队伍基本稳定，工作能力有效提升，有些人已经完全胜任，做得很不错了。

（访谈记录：SQ20201111M2）

二、社会资本建设

社会资本是人们在谋生中利用的社会资源，这种资源由社会组织和社会关系网构成，对维系合作与信任关系起着重要作用。社会资本与制度、组织联系紧密，社会关系的外部环境产生农户所拥有的社会资本，社会资本的积累又会形成社区社会组织，进一步强化社会资本链接。社会资本是一种无形的资本，许多研究表明社会资本对农户生计发展起着重要作用。周长城等（2003）指出贫困因社会资本质量的低劣而产生，社会资本的发展为摆脱贫困提供了契机。社会资本可以促进个体间的协调和合作，增强彼此之间的信任程度，进而带来个体经济效益。社会资本具有社会和经济双重属性，社会属性表现为宗族关系网络、同学、朋友、同事等提供的社会和经济保障，以及由信任和合作产生的精神支撑；经济属性表现为社会关系网络提供的信息及人际关系等带来的交易成本、支出的减少（张旭锐，2020）。在乡村社会中，由血缘和地缘纽带联系在一起的农户，由于互相承担着特别的社会义务而产生互助行为（费孝通，1947）。这种互助行为构成了农户社会资本积累的主要途径，是生计资产建设的重要组成部分。在案例社区，搬迁移民社会资本建设主要体现在日常生活以及产业就业过程中的互助实践中。

（一）成立“香菇互助小组”：劳务互助的组织化形成

劳务互助在乡村社会极为普遍。其中，以农忙时换工为代表的劳务互助是农户在传统农业生产方式下为节约现金成本、劳动力为寻找更多就业机会的理性选择（唐勇智，2013）。生产中的互助行为是一种生存手段，也是农户积累社会资本的方式。劳务互助的组织化形成能够促使人们去合作、去信任、去理解，进而形成较为稳定的社会网络，助推生产发展。科尔曼（1999）认为，积极参与组织是个人积累社会资本的重要途径，组织的成立可以提高集体行动的一致性，有助于组织成员实现其社会目标。对于搬迁移民来说，劳务互助中形成的社会关系网络，是其社会资本积累和生计活动发展的重要载体。

2020年以来，当地推行种植多季菇，由传统“一年秋栽生产”向“全年多季轮种”模式迈进。在实际转型生产中，菇农发现因多季菇出菇速度太快，疏蕾、采菇用工变多，人工成本呈提升趋势。在案例社区，菇农试图通过“工换工”方式来解决这个问题，但这种民间自发的互助行为稳定性较差（案例3-11）。

案例3-11：

以前种秋栽菇，投工少，香菇慢慢出菇，出一个摘一个。比如第一天10斤左右，第二天10到20斤，第三天10到20斤。今年（2020年）种多季菇，如果今天上棒，10天之内基本第一茬就结束了，一出菇就都出了，比较费工，于是就有了“工换工”的出现。但有的时候会出现一些问题，比如我换你两个工，你却换我一个工，或者本来上午8时要来，结果上午10时才来，我就吃了亏，这样下回我就不跟你玩了。我们成立互助小组就是为了组织协调好这个换工。

（访谈记录：SQ20201113M3）

针对这个问题，2020年10月区政协召开“有事好商量·民意恳谈板凳会”，与菇农共同商讨解决办法。会上初步决定，采用生产互助合作组织的路径来降低人工成本，激发生产力。同时，会上对成立发展互助组织中的一些关键问题达成了共识。比如，利益联结机制方面，互助组织的成立切忌一刀切，应坚持菇农自愿、便于互助、规模适度、混合编组、共同致富等原则。互助组织产生后，成员应协商订立“菇农互助公约”，推进形成利益联结机制。互助内容方面，应聚焦菌棒进棚上架、脱袋、疏菇、采菇等生产关键环节。互助组长人选方面，应选拔责任心强、组织协调能力强、菇农认同度高的菇农为组长（案例3-12）。

案例 3-12：

我们现在10个片区，一个片区要分几个互助组。互助组组长主要由派驻干部选，选能干有担当的、“舍得出气”（有奉献精神）的。一个组长管10户左右，干得好，年终考核会有奖励，比如奖金、话费补助。我们给组长发个本，让他们记录几月几号，哪几户帮忙哪几户。10个片区共有32个互助组、32个组长。组长基本上都比较负责，组长多半是男的，只有一个女的。那个女组长性格泼辣、能力强，大家都听她的。第8片区只有一个组长，他组织协调能力非常强，那个片区拆菇的拆菇、卖菇的卖菇，分工合作效果很好。

（访谈记录：SQ20201113M3）

案例 3-13：

在种植多季菇的新模式下，出现劳动力需求集中、时间间歇性短促、请工成本又高的矛盾。为了解决这些问题，我挨家挨户上门征求意见，和老乡探讨组建互助组的想法。

香菇互助组成立后，我多次带领大家出去学习疏蕾、采菇、香菇分级，成效明显。我们第8片区整体种植香菇的技术有所提高，菇农之间也变得熟悉起来。互助组的成立发展，为大家节省了大约30个工人的开支，为每户大约节省了3 000元。后续，香菇互助组模式普及到了其他片区。

（资料来源：根据《Y区融媒体中心》2020年2月24日的新闻整理）

案例3-13中的菇农是区香菇基地第8片区香菇互助组组长。一开始，由他组织协调形成了自发的互助组织。后续在产业指挥部的推进下，官方的互助组织得以成立，进而提升了互助组织的规范化。调研中，笔者了解到在种植多季菇的过程中，较为正式的生产互助组织、菇农自发形成的“工换工”以及亲戚、朋友帮忙等多种互助方式都发挥了重要作用。

后续，社区管理协调工作指挥部召开生产互助合作组织专题推进会，会上集中学习了区主要领导、分管领导签批的《关于在Q安置社区建立香菇生产互助组的指导方案》和在第7、8片区试点的《菇农互助公约》《菇农互助联盟公约》。菇农中心、派驻干部、A公司等相关方面代表就合力推进生产互助合作组织建设，进行了交流和表态性发言。会议强调要通过有效推进菇农生产互助组织的长效机制建设，稳定应对生产环节矛盾，促进产业持续发展、菇农稳定增收。当地结合菇棚分布规律，将香菇扶贫产业园分为10个生产互助组，由20名派驻到安置社区的乡镇干部负责开展片区生产互助组的管理和生产互助。生产互助既有效降低了香菇生产中的人工成本，也极大促进了菇农之间的互动来往。总体来说，香菇生产中的劳务互助及其组织化形成，推动了互助形式的规范化、制度化和长效化，也为社区建立搬迁移民互助网络奠定了基础。

（二）获得“就业帮助”：就业信息的互惠型供给

信息互助是农户互助的重要方式，并且这种互助随着就业市场的开放、农业生产的现代化等发展趋势，在个体生产生活实践中发挥着越来越重要的作用。科尔曼（1999）指出，所有行动都建立在有效信息的获取之上，但获得信息需要付出成本，已有的社会关系与社会交往是获取信息的重要手段。信息互助体现了个体之间的信息交换，这种交换建立于互惠基础之上。波兰尼指出，互惠是实现交换的一种方式，以社会义务作为物品和劳力交换的基础，其交换目的具有非营利性（杨丽云，2003）。列维·斯特劳斯强调互惠的道德规范性，指出互惠具有不同的模式，并且受到规范与价值观的影响，互惠也可能是单向的，并存在不同的间接交换模式（乔纳森·特纳，2008）。在案例社区，就业是搬迁移民生计转型的关键，信息互助自发形成于搬迁移民的就业过程之中。

搬迁后，社区移民的生产生活空间、社会空间和信息空间发生改变，部分移民的社会资本存量和社会交往范围明显减小。一方面，部分搬迁移民暂时难以适应城市化的生活环境和生计节奏。搬迁后楼房式居住结构和左邻右舍的变化使搬迁移民原有的社会关系网络和人际交往范式出现断裂，城市化的生活方式更是让一些老年移民陷入再社会化的困境，老年移民可能更加缺乏安全感和归属感。另一方面，社区移民来自 Y 区 19 个乡镇，原有的熟人社会网络被打破，搬迁移民之间缺乏信任和支持，在陌生的社会环境中重建社会关联的难度较大。当然，一些搬迁移民在社区也有熟识的一同搬来的同村人。但由于住房位置由抽签决定，陌生的社区再加上不熟悉的左邻右舍，不少搬迁移民表示起初较难适应社区生活。可以说，搬迁后社区移民生活中存在一定程度上的社会网络断裂。但对于一些年轻移民群体而言，搬迁之前由于务工，长期在外地租房住，已经比较适应城市化的社区生活方式。搬迁后，尽管他们也身处较为陌生的环境，但与以前相比，现在的社区居民都来自 Y 区乡镇，也都是农村人，搬迁后如果住得比较近，彼此熟悉起来还是比较快的。信息互助就发生在搬迁移民的日常交往之中，其信息交换往往伴随着上学、就业、香菇生产等过程，且在年轻移民群体中，找工作过程中的信息互助体现得较为明显。

案例 3－14 中的搬迁移民 W 某自搬来后一直在社区基层管理岗位上工作，她先后做了楼栋长、网格员和社区专职工作人员。她属于搬得比较早的，那个时候社区居民不多，社区治理体系尚在建立。刚开始，她家周边只住了几户人，大家经常一起约着吃饭聊天，逐渐熟悉了起来。后来，她做了社区楼栋长，因工作需要经常会入户摸底，基本上周边十几栋的居民都很熟悉她。在这种环境中，她和社区居民建立了良好的信任关系，也在社区交到了一些新朋友，其中就有她的邻居。她当时还是楼栋长，属于兼职，收入很低。邻居朋友告诉她社区正在招网格员，建议她报考。她尝试应聘，最终顺利成为网格员，收入也有了大幅提升。案例 3－15 中的搬迁移民也是类似的情况，在社区朋友提供就业信息后应聘成功，和这位朋友一起在社区幼儿园当保安。在工作和生活中，她们互相支持、帮助，在做好本职工作的同时也兼顾了家庭。尽管在案例 3－14 和案例 3－15 中更多体现的是，某一时点个体之间信息互惠的单向性，但从一段时期来看，这种单向性互惠实质上是间接的互惠方式，有助于彼此建立信任和合作关系。两个案例中的访谈对象都是年轻人，在陌生的社区环境中，总有一些年轻移民群体能够相对较快地建立自己的小圈子，在日常生活中交换着对彼此有用的信息，促进双方生产生活的发展。此外，社区菇农之间也存在着较多的信息交换，他们一般住在香菇种植基地，在香菇生产中也不断交换着有关种植技术、收购价格等方面的信息。

案例 3－14：

我家是 2019 年 3 月份搬过来的，那时候我家附近就只有几户。刚开始办入住的时候我们不认识楼上楼下的居民，大家都是山里边搬过来的，比较朴实，没事了就在一起吃饭、聊聊天，基本上认识了。后来，我当了楼栋长，挨家挨户跑，对这边十几栋都熟悉了。我们有当了网格员的邻居，她跟我说社区在招网格员。当时住的人也不是特别多，刚搬过来的年轻人还比较少，网格员的任务主要是摸点。她说我反正天天在家带孩子，让我也去考网格员，于是我就去了。

（访谈记录：YM20201110F1）

案例 3－15：

去年（2019 年）12 月 9 日，我开始在幼儿园工作。之前我没有工作，那时候也不知道有什么合适的工作，关键是小孩上幼儿园得有人照顾。跟我住同一栋的在这上班当保安，她的孩子也在这边上学。她打电话跟我说幼儿园要招保安，我说行吧，反正也没啥事。后来我跟园长说了下，园长就同意了，然后我就过来了。在这上班，孩子上下学比较方便。我们的孩子在同一个班，幼儿园 16 时 30 分放学，小学那边 16 时 40 分放学。到放学点，我们俩搭配着，一个人接孩子，一个人在幼儿园。园长也挺体谅我们吧，反正都是为了孩子嘛，能行个方便就行个方便。

（访谈记录：YM20201112F3）

此外，考虑到搬迁移民在社会交往、娱乐活动方面的需求，Q安置社区设置了廊道、广场等公共活动空间，也组织安排了一些娱乐活动。在社区楼栋长、网格员等工作人员的积极引导下，社区居民参与公共活动的积极性也逐渐提升。同时，社区治理体系也逐渐完善，每栋楼都配有社区专职人员、网格员、楼栋长和治安巡逻员，极大方便了居民日常的生产生活。总的来说，搬迁后的一两年，社区居民之间的互动愈加频繁，可利用的社会资源也越来越丰富，信息互助也因此发挥着更大的价值。

（三）强化"家族支持"：家族式现金互助的强化

农户现金互助的形式通常表现为现金赠与和资金借贷，现金赠与多发生在红白喜事、新房落成、升学、生病等生活情景中。阎云翔（1999）认为，从长远来看，大部分的交换关系是通过实现互助互惠来维持的，但由于我国社会中"人情伦理"的存在，礼物的流动并不总是遵循互惠原则。在调研过程中，笔者发现，搬迁移民的现金赠与和资金借贷行为主要出现在家族内部，其资金往来更多取决于家庭社会资本存量，由此，搬迁后的移民家庭社会网络一般会得到强化。

现金赠予包括仪式化的交换与非仪式化的交换两类。阎云翔（1999）认为，仪式化的交换一般涉及较多的社会关系，体现了家庭在社会关系网络中的力量和成就，非仪式化的交换是农户日常生活的组成部分，起着维持乡土社会网络的作用。

案例3-16：

这边有些乡镇搬过来的人比较多，所以社区里这种人情往来还是不少。像我，一般人家结婚，熟悉的给五六百，不熟的给二三百。社区配套的一些场地都没有跟上，结婚一般在县里酒店办。人家办丧事，我差不多也是给两百左右。有一些离老家近的就在社区办丧事，因为老家房子没了，基本就在社区这边办了。

（访谈记录：YM20201125F2）

目前，社区人情往来基本还是基于原有的熟人社会网络。通过仪式化的现金赠与，在巩固原有的社会关系基础上，在社区逐渐建立新的社会联系。非仪式化的现金赠与主要体现在日常生活中。笔者在社区一些特困家庭中观察到了这一现象：社区部分搬迁移民家庭生计困难，主要靠低保和亲戚接济来维持生计。

案例 3-17：

我们一家搬过来四个人，我老公的哥哥得了精神病，留在了老家没过来。我老公股骨头坏死，身体不好。我去年做手术，把肝切除了三分之二。我娘家条件好一些，搬到这边来，我爸给我几万块钱买家具。后来我爸去世，我拿了两万多块给娘家。后来我生病了，我妈又给我送几万块过来。我弟弟在部队当兵，是个干部，生活条件好些，常常贴补我。要不贴补，说实话，我这日子很难过。

（访谈记录：YM20201117F1）

案例 3-17 中的访谈对象一家三口拿低保。目前只有她的女儿在工作，她女儿之前在社区物业上班，后来辞职去武汉工作了。由于夫妻二人身体较差，无法正常工作，生活上接受她亲戚接济多一些。尤其在她患病后，她弟弟经常给予贴补资助。这位搬迁移民家中只有她女儿一个劳动力，一个人的工资很难维系几口之家的基本开支，亲戚的经济支援对这种处于贫困边缘的家庭而言非常重要。对于搬迁移民来说，在需要大量资金周转时，往往还是依靠家族力量。

资金借贷通常指农户的借贷行为。部分搬迁移民选择就近租社区商铺或者在远处租房做生意，由于资金不足，选择向亲友借钱暂渡危机（案例3－18）。一般来说，农户借钱对象主要还是家庭内部成员。在搬迁社区较为陌生的生活环境中，一旦在生活中遇到比较麻烦的事情，比如资金紧缺，不少搬迁移民还是会优先求助于亲戚。总体来说，搬迁移民的现金互助主要发生在家族内部，体现了家庭社会资本对“小家”的支持。

案例3－18：

我是去年（2019年）8月在社区这开的理发店，跟我弟弟借的钱。开店花了一万多块，不到两万，现在开店整整一年，成本差不多赚回来了，钱已经还了。我之前是在外地开理发店，现在搬过来了，就在这里开理发店。我开店（用）的这个房子是我姐姐的，她也搬过来了，她因为带孙子就没住这里。

（访谈记录：YM20201117F2）

三、金融资本建设

金融资本是农户在消费以及生产中能运用的资金资源，主要由积蓄和资金流入两部分组成。金融资本积累对于农户收入的可持续增长有着重要作用。王成利（2018）研究发现，金融资本对农户收入有极为显著的正向作用，金融资本越多，农户家庭收入水平越高，同时，金融资本与其他资本存在交互作用。伍艳（2015）将家庭年收入、获得信贷与补贴的机会作为衡量金融资本的指标。总体来说，金融资本包括正规金融和非正规金融两方面。在调研社区，除了低保、产业奖补等政策性补贴，当地较有特色的金融资本建设主要体现在正规金融对搬迁移民的赋能。

（一）主动申请“香菇贷”：兜底产业的积极参与

小额信贷作为金融扶贫举措，对增加农民收入、改善收入分配、引导农村经济结构调整有显著的促进作用。小额信贷的具体表现形式为社区发展基金、村级发展互助资金、农民资金互助社等，正成为农村正规金融机构向中低收入群体提供金融服务的重要举措。但在实际发展中还存在法律定位模糊、可持续经营发展较为困难、风险控制能力较弱等问题，需要加强政策支持和监管以促进其健康发展（廖继伟，2010）。

Y区构建“政银保”三方协同发力的小额信贷工作机制，率先在全省出台扶贫小额信贷业务实施方案。通过搭建区、镇、村三级金融服务平台，简化贷款手续，优化贷款流程，当地小额信贷产业扶贫成效明显。2016年Y区扶贫小额贷款仅有36户227万元，到2018年贷款覆盖率提高至62.04%，实现340个贫困村的全覆盖[①]。在区政府的大力支持下，当地对有香菇产业发展意愿的贫困户，给予“5万元以内、免抵押、免担保、全贴息”的扶贫小额信贷，进一步强化产业发展的资金保障。对于搬迁到社区的贫困户而言，没有小额信贷的资金支持，是难以发展香菇产业的。小额信贷的支持提供了社区菇农参与香菇产业的契机，不少菇农试种一段时间后，再次贷款继续发展香菇种植业（案例3-19、案例3-20、案例3-21）。

案例3-19：

搬过来之后，社区干部经常动员我们去种香菇。社区这边种香菇的基本上贷（款）了，到时间大多还了，当然也有一些还款有压力的。因为去年（2019年）的话是基本上都没亏，但是也没赚很多，今年（2020年）的话，还在看种多季菇的情况。我家是去年还的贷款，然后在种这一批之前又贷了，像我家这样贷几次的很常见。

（访谈记录：YM20201124F1）

① 数据来源：调研资料《Y区扶贫小额信贷经验》。

案例 3-20：

种香菇成本较高，一开始要投钱买香菇棒，我们也没那么多钱，社区干部建议我们无息贷款。一开始，我们也担心种香菇不挣钱，到期贷款还不上。无利息很好，大家都愿意尝试一下，种了一年之后，心里就有底了。大家基本能还上贷款，种香菇基本上会赚的，只是有的用工成本高点，赚得少些。

（访谈记录：YM20200401F1）

案例 3-21：

搬迁移民D家中6口人，父亲因病长期靠母亲照顾，妻子则在家照顾两个上学的孩子。作为家里唯一的劳动力，以前他一直在SY市周边打临工。搬入Q安置社区后，在2018年6月开始准备发展香菇产业，并于当年7月28日获得区农商行5万元扶贫小额信贷资金支持。开始种植香菇时，他并没有将资金全部投入，而是抱着试试看的心态租了6个小棚，培育了3 880棒香菇。由于这次试种较为顺利，自2019年起，他将扶贫小额信贷资金投入香菇产业中，发展了3个大棚、6个小棚，共计16 200棒香菇。2019年，种植香菇的销售收入达到了13.3万余元，除去香菇棒钱及雇工费用，纯收入为8万多元。他不仅提前两个多月偿还了贷款，还为家里购置了一台SUV汽车。2020年Q安置社区正值菇棚改造时期，为扩大香菇种植规模，他再次向区农商行申请了扶贫小额信贷资金。

（资料来源：根据《中国县域经济报》2020年11月5日的新闻整理）

很多菇农得益于多次申请到小额信贷资金才能几年不间断地种植香菇，小额信贷促进了当地香菇产业的可持续发展。其中，当地金融机构为小额信贷的带贫发展贡献了重要力量。为了让扶贫贷款“放得出，收得回，办得快”，区农商行与区政府达成共识，共建“政银保”合作风险共担机制。

区政府设立扶贫小额贷款保证保险风险补偿专项资金，列入财政预算，存入区农商行施行专户管理，农商行按照1：10的比例进行放贷。区政府、农商行、保险公司签订“Y区扶贫小额信贷‘政银保’三方合作协议”，协议约定贷款本息损失风险分担比例为1.5：1.5：7，即区政府承担15%，农商行承担15%，保险公司承担70%。为了加快放贷速度，当地充分利用数字技术，简化手续，提高速度，全区一个时间段内发放的所有扶贫贷款用一张保单保下来。在此创新模式带动下，作为区扶贫小额贷款的主办银行，截至2020年11月，区农商行已累计发放扶贫小额贷款7.05亿元，受益贫困户达2万户。其中，区农商行为社区560户贫困户发放了1 680万元扶贫小额信贷资金。此外，中国银行Y区支行在安置社区开展“香菇产业扶贫贷”送“贷”上门活动，通过放宽条件、简化手续、压减环节流程和“受托支付”等办法加快贷款流程，专门为社区菇农解决资金不足的问题。

发展香菇产业以来，小额信贷带动市场主体投资、带动扶贫车间和扶贫作坊发展、提供产业就业岗位，成为当地脱贫发展的“抱母鸡”和“引窝蛋”。小额信贷解决了贫困群众发展香菇产业时“巧妇难为无米之炊”的“米”的问题，为区域脱贫攻坚和乡村振兴注入了强劲动力。

（二）“被动式”参保：香菇产业风险的有效降低

为确保菇农收益稳定，区政府引入第三方机构对菌种、菌棒进行质量检测，与保险公司协调制定有关菌种、菌棒的优惠参保政策。在政府引领下，为了降低自然灾害、市场波动等产业风险带来的生计威胁，区人保财险公司开发香菇综合收入保险，区财政为全区所有菇农统一购买香菇综合收入保险。此外，当地还设置了保护价收购保障机制，进一步降低了农户从事香菇产业的风险。

案例3-22：

香菇这一块除了小额信贷，还有综合收入保险，比如说你棚架受灾、菌棒受灾或者不出菇都是保险来赔。2018 年我们这边天冷得很，受到冻灾，几十年没遇到的低温天气。我印象里后来保险公司给菇农赔了 1 000 多万（元）。

（访谈记录：ZF20201125M1）

据 Y 区香菇办工作人员介绍，2018 年当地遇到了罕见的低温天气，很多菇农的大棚受灾。那年，主要是保险公司的赔付资金弥补了菇农受到的损失。笔者在 Y 区扶贫开发办公室官网查询到 2019 年香菇综合收入保险赔付情况，得知当年 Y 区 19 个乡镇都受到了理赔，其中 Q 安置社区得到赔付金额 23.3 万多元，占总赔付金额的 1.946%，如表 3-1 所示。当时，当地香菇种植正处于发展初期，得益于香菇综合收入保险的保障作用，许多菇农能够抵御突发的外界风险，顺利渡过种植香菇的适应期。近年来，香菇综合收入保险为菇农和专业合作社减轻了产业风险，促进了搬迁移民的金融资本积累和香菇产业的可持续发展。此外，笔者在实际调研中发现，社区部分菇农对自身参保情况并不是很了解。由于区财政为全区菇农都统一购买了香菇综合收入保险，可以说菇农是一种“被动式”参保。从这一层面来说，要实现金融扶贫和产业扶贫的可持续发展，仍要加强金融知识和风险意识的宣传与普及。

表 3-1　2019 年 Y 区人保财险香菇赔付公示表

序号	乡镇	损失棒数（个）	赔付金额（元）
1	YD 乡	45 560	369 036
2	BL 镇	72 372	586 213.2
3	BSG 镇	99 207	803 576.7
4	BX 镇	139 981	1 133 846.1
5	CD 镇	50 317	407 567.7
6	CG 镇	54 243	439 368.3
7	DL 乡	132 069	1 069 758.9
8	HJY 镇	85 645	693 724.5

（续）

序号	乡镇	损失棒数（个）	赔付金额（元）
9	LD镇	68 452	554 461.2
10	LP镇	45 478	368 371.8
11	MP镇	2 963	24 000.3
12	NHT镇	166 821	1 351 250.1
13	QQ镇	59 628	482 986.8
14	QS镇	83 380	675 378
15	TJW镇	96 303	780 054.3
16	WF乡	62 664	507 578.4
17	TS镇	58 330	472 473
18	YXP镇	54 144	438 566.4
19	AY镇	74 841	606 212.1
20	Q安置社区	28 822	233 458.2
合计	Y区	1 481 220	11 997 882

数据来源：根据Y区扶贫开发办公室官网数据整理。

四、小结

生计资本反应农户拥有资本的状况，是农户选择生计策略类型的基础。本章主要分析了人力资本、社会资本和金融资本的积累发展过程与特点，一方面，当地生计资产建设在这三方面的成效较为明显，另一方面则是考虑到人力资本、社会资本和金融资本的动态发展过程中充斥着生产生活中的互动关系，体现了个体在制度安排下的行动策略。

当然，自然资本和物质资本也在搬迁移民生计发展中发挥着重要作用。自然资本条件赋予了当地发展香菇产业现代化的先天条件，如丰富的林业资源、湿润的气候条件、明显的区位优势等。当地引进的YG公司与本地国有企业CX公司共同组建A龙头企业，按照“龙头企业+基地+村级合作社+农户”模式，在Q安置社区建设香菇种植标准化生产示范基地1 165亩，配套点、养、种一体化大棚534个、香菇种植小棚1 470个，年发展香菇 380 万棒。在自然资本与人力资本和金融资本的联合作用下，香菇产业成为 Y 区以及安置社区最具发展潜力的兜底产业。物质资本是生计资本中其他资本实现积累的基础，无论是人力资本还是社会资本，都需要依赖于一定的物质资本来实现积累。此外，其他资本必须与物质资本相配合才能发挥出最佳作用。在一定条件下，一定的物质资本储备直接决定着农户的生产投资能力。因此，物质资本在产业发展中仍占据着重要地位。

总体而言，搬迁移民生计策略体现了生计资本的积累及其多样化发展。在本章的资产建设分析中，“资本”的定义不仅限于五大资本类型，还包括了一个人的知识和技能、社会和社区关系及其影响生活决策的能力。简单而言，资本就是衡量家庭生计发展和未来发展的能力。在案例社区的扶贫实践中，主要是人力资本、社会资本以及金融资本的积累发展以及生计资本的多样化推动着搬迁移民的生计策略形成。其中，人力资本建设主要体现在生产技能、适应能力、资源利用能力以及治理能力的提升，社会资本建设主要体现在劳务互助、信息互助以及现金互助方面，金融资本建设主要体现在小额信贷和农业保险对社区菇农的生产激励和生计保障方面。此外，自然资本与物质资本也起到了重要作用，一是先天的自然资本与后天的环境资源保护决定了香菇产业发展，二是良好的公共基础设施和生产设施条件提升了两大产业的生产效率、运输效率以及销售效率。其中，人力资本是五个资本里面最为重要的资本，决定着对社会资本、金融资本等资本的合理运用。总之，在政策推动以及搬迁移民主体性的激发中，搬迁移民生计策略大体上呈现生计资产建设多样化发展趋势，为平稳过渡到生计振荡期奠定了基础。

第四章 生计安排：搬迁移民差异化生计选择

生计安排主要指个人和家庭的生产活动选择，可以说是狭义上的生计策略。生计策略有狭义和广义之分，广义上的生计策略包括生产活动、生育状况、投资活动等经济活动，狭义上的生计策略主要指个人和家庭的生产活动选择。受外部环境因素影响，生计安排处于动态变化中。基于不同研究目的、研究背景和研究方法，学界对生计安排的类型划分也存在差异。赵文娟等（2016）按照是否参与非农生计活动和有无非农收入，以及非农收入占比不同，将农户生计策略分为纯农型、农兼型、兼农型三类。黎洁（2016）按照某项收入占家庭总收入50%以上的标准将移民生计策略分为传统生计专业化型、非农专业化、多样化和补贴依赖型四类。本研究参考已有研究并结合调研社区搬迁移民生计发展情况，把生计安排划分为非农型生计和农业型生计两大类，其中非农型生计包括外出务工、社区就近就业和兜底保障型，农业型生计包括农业现代化生产和传统农业生产型。

一、非农型生计：搬迁移民主要的生计方式

在案例社区，外出务工是搬迁移民家庭最主要的生计方式。随着新型城镇化的快速推进，部分农户选择到城镇发展非农经营，以此带动家庭的生计发展。传统农业生产收益小、风险大，一些农户尤其是新生代农民工不愿意从事低收益的传统农业生产。并且，随着农业生产规模化和农村电商平台的发展，大量农业劳动力从农业生产中解放出来，务工、经商或者从事农产品营销服务成为这些剩余劳动力群体的主要选择。在案例社区，

非农型生计主要表现为外出务工、社区就近就业和兜底保障。在当地政府的扶持下，社区平台加强务工信息整合和对外劳力输送，大力支持搬迁移民外出务工。同时，社区平台开发的社区专职工作人员、网格员、楼栋长、物业人员等工作岗位，社区幼儿园、小学、医院，以及社区内部建立的袜业产业基地、扶贫车间，等，都为移民提供了就近工作的机会。从家庭单位来看，劳动力较多的移民家庭的家庭生计活动多表现为以外出务工为主的兼业生计策略。与此同时，部分移民家庭几乎没有劳动力，其家庭生计主要依靠国家兜底。

（一）外出务工：收入为重的主流生计方式

在大规模城市化和经济快速增长的背景下，传统农业不再是农户唯一的谋生方式。城乡二元发展背景下，外出务工仍是当前农户主要的生计方式之一。国家统计局发布的《2019 年农民工监测调查报告》显示，东部、东北地区吸纳就业的农民工减少，中西部地区吸纳就业的农民工继续增加；在外出农民工中，选择省内就业的比上年增加 245 万人，到省外就业的比上年减少 86 万人；从输出地看，西部地区输出农民工人数增加最多，增量占到新增总量一半以上，其次是中部地区，输出农民工比上年增加 81 万人，占农民工总量的 33.1%①。在案例社区，搬迁后许多年轻劳动力选择在外省或者省内务工，以维持一家人的生计。截至 2020 年 9 月，安置搬迁移民外出务工有 4 500 多人，占总就业人数的 53%，其中省外就业 2 360 人，县外省内就业 2 150 人。劳务输入地主要有浙江、广东、江苏、武汉、河南等地。工作种类按就业人数比例高低分别是：企业用工，约占总就业人数的 57%；建筑用工，约占总就业人数的 17%；社会用工（包括装修工、修理工等），约占总就业人数的 16%②。

---

① 国家统计局．2019 年农民工监测调查报告［EB/OL］.（2020－04－30）［2021－01－11］. http：//www.stats.gov.cn.proxy.stats.gov.cn/tjsj/zxfb/202004/t20200430_1742724.html.

② 数据来源：社区提供资料《湖北 Y 区 Q 社区易地扶贫搬迁情况数据》（2020 年 9 月 29 日）。

1. 外省务工

农民工流动是社会阶层流动研究的重要内容。黄宗智（2000）指出，农民进入城市，直接动因是城乡之间结构性的差别，即农民工外出务工并不是简单的个体追求利益最大化的选择，也不是单纯的制度安排的阻碍或推动，而是体现了主体与结构的二重化过程。农民工在外务工没有城市户口，难以融入城市生活，尽管如此，由于城乡收入差距，大部分农民工仍然选择流入城市。史自力等（2013）通过定量分析影响中原地区农村劳动力转移就业的主要因素，发现收入是影响其转移就业的最重要的原因。目前，新生代农民工已成为中国产业工人的重要组成部分。刘莹莹等（2018）认为，新生代农民工对于城镇就业的要求比老一代农民工更高，他们希望城镇提供更好的就业条件和环境，希望获得高质量的工作、较满意的收入，最终真正融入城市，成为城市的正式成员。

易地扶贫搬迁背景下，政府主导的城镇化集中安置模式较快实现了农民工的城镇化需求。搬迁后，部分移民家庭为了保证较充足的收入，仍然选择外省务工。其中，有的家庭是夫妻两人一同出去，让老人和孩子在家；有的家庭选择夫妻中一人出去务工，一人在家照顾孩子。在社区外出务工型生计活动中，外省务工型约占 52%，务工地点主要分布在浙江、广东、江苏、河南等省份①。总体来说，搬迁移民就业稳定性较差，务工地点经常变动。

案例 4-1：

我家儿子儿媳在外地打工，很少回家。平常就我们带孙子，主要是爷爷在家带娃。我在这里翻袜子，月收入 2 200 元左右，每天工作 10 小时左右。我选在这里做工，主要是因为扶贫车间工资太低，一个月可能就几百或一千（元）左右，（B 公司）袜厂工资高一些，这个工种最

① 数据来源：社区提供资料《湖北 Y 区 Q 社区易地扶贫搬迁情况数据》（2020 年 9 月 29 日）。

高收入能有 2 800（元）左右。年轻人可能希望工资更高一些，能有 3 000（元）左右，对我们老年人来说，现在这个收入也可以了，我对目前生活还是比较知足的。

（访谈记录：YM20201123F3）

案例 4－2：

我们是 2019 年 1 月搬过来的，一家四口，两个孩子都在社区这边上学，一个上初中，一个上小学。老家在山里面，蛮穷的，交通不便利，孩子上学不方便。

后来因为小孩出来读书，我们就在外面租房子住了。那时候我没有什么工作，我就是带孩子。我老公在外面打工，他没有固定的工作，也没有固定的地点，反正就是哪里能挣钱就去哪。

现在他在矿上，在平顶山，有两年了。我老公没什么手艺，这边打工工资又低，孩子又上学。他想着等以后附近规划建设好了，租个门面房做个生意，比如餐饮方面的。现在还是趁年轻能挣钱先在外面打几年工。

我是去年（2019 年）12 月 9 日开始在社区幼儿园工作的。之前我就没有做事，那时候也不知道有什么合适的工作，关键是小孩上幼儿园得有人照顾。然后跟我住同一栋的是在幼儿园上班当保安，她的孩子也在这边上学，然后她打电话跟我说幼儿园要招保安，我说行吧，反正也没啥事。后来我就跟园长说了下，园长就同意了，然后我就过来了。在这上班，孩子上下学比较方便。每个月工资就是一千多块钱，人嘛，还是找个工作好一些，也是个营生嘛。

（访谈记录：YM20201112F3）

类似于这种外省务工生计方式为主的移民家庭，都是出于同一种想法，即“趁年轻在外面多赚点钱”。Y 区的产业发展还不能满足本地劳动力的需求，多数年轻劳动力仍然选择外省务工，有的是夫妻双方一起出去，有的只有丈夫出去打工，妻子则留在家中照顾孩子。案例4-1中，一家三代人一同搬迁到社区，由于儿子儿媳都外出务工了，主要由爷爷奶奶带孙子。为了增加收入，奶奶选择到建于社区内部的A公司袜厂工作。笔者还记得在袜厂车间和这位奶奶访谈时，她正快速地翻着袜子，言语和神情中充满着积极乐观的态度。案例4-2中，家庭生计来源以访谈对象丈夫外省务工的收入为主。尽管她现在也有一份社区幼儿园保安的工作，但对于四口之家来说，这份工作的收入还是比较微薄。之前，因为需要照顾小孩，她只能在家做全职妈妈。现在孩子长大了，她有了更多的时间和精力，经社区同一楼栋的居民朋友介绍，她获得了这份工作。尽管收入不高，但工作地点离家非常近，比较方便接送孩子。搬迁后，她丈夫选择继续在省外务工，但随着年纪增长，以及社区附近商圈的后续发展，他们也考虑以后在社区附近做生意谋生。此外，这两个案例也表现出了搬迁移民家庭生计的多样化趋势。搬迁前，两位搬迁移民家庭生计方式较为单一。搬迁后，由于社区平台提供和对接了一些就近就业机会，不少留守老人和留守妇女有了就业的机会和选择的余地。这些人群的就业，为家庭增加了一份收入来源，一定程度上降低了生计风险和生计压力。

2. 省内务工

近年来，我国农民工群体中选择省内就业的人数持续增长，农民工返乡就业创业将为乡村振兴注入动力。党的十九届五中全会提出，要优先发展农业农村，全面推进乡村振兴。乡村振兴，人才是关键。返乡农民工是农民工群体的重要组成部分，他们的返乡将为乡村振兴注入新动力，有力助推乡村建设行动。在国家政策引导下，各地完善返乡就业创业政策，加强农村公共服务建设，加大就业培训力度，吸纳返乡农民工参与乡村治理。

在新冠疫情影响下，农民工外省务工受到影响。为稳定农民工就业，Y区制定政策，优化服务，扩大返乡留乡农民工就地就近就业规模，努力探索农民返乡就业新模式。一方面，制定出台多项优惠政策，吸引返乡留乡农民工就地就近就业创业。一是设立了专项奖励资金，激励一批有想法、有担当、有激情的人员返乡创业，对相关创业人员给予一次性创业补贴。二是鼓励扶贫车间吸纳贫困人员就业，并针对农村弱势群体和贫困劳动力开发一批基层网格信息员、保洁保安员、水利电力道路维护维修员等基层服务岗位。另一方面，大力发展产业，提供就业岗位。以招商引资项目、香菇和袜业两大兜底产业、高新技术、电子产品、医药用品、汽车制造、农产品加工等现有产业为依托，争取多方投资，在充分挖掘自身资源上下功夫的同时，合理规划布局，精心运作，切实解决好在创业初在疫情阶段遇到的资金、场地等问题，更好地给企业复工复产提供服务。同时，以乡情、亲情、友情为纽带，打好“情感牌、政策牌”，积极引导外出务工者从事农业生产、家庭农场、扶贫作坊等农业经营主体创业就业。此外，开展技能培训，加强人才支撑。实施返乡留乡职业技能提升行动，运用互联网＋职业技能培训模式，按照就业意向、区域特点和产业需求，开发一批特色专业和培训课程资源，建立健全专业化培养机制。

目前，安置社区省内务工人员约占外出务工人数的一半。搬迁后，一些移民家庭选择在省内市外、市内或者 Y 区就近务工。还有一些劳动力较多的移民家庭的生计活动呈现以省内务工为主的兼业型。在案例 4 - 3 中，通过外出务工和社区就近就业，这位厨师的家庭生计安全得到保障。一方面，省内务工收入保障了家庭生计，另一方面，“省内就近务工＋社区就近就业”的就业模式方便夫妻双方照顾家庭的同时也增加了一份收入来源。这种就近就业的兼业模式成为越来越多劳动力较多的搬迁移民家庭的生计选择。

案例 4 - 3：

我们是 2018 年 7 月正式住在这边，一家四口。我有两个孩子，一个在武汉实习，学的汽车维修，一个在社区这边上初中。我老公平时在外面，在工地上包点小活，现在在 SY 市内做包工头。你看他们一年 12 个月能干到 4 个月都不错了，他们活不好找，要没事就没事，要有活的话，他那几个月忙得要命。我现在劝他打零工，做一天挣一天的钱，包工头风险还是大了点。

我之前在社区做保洁，干了两个月，后来不想干了。之前辞职的时候我跟社区说了有合适的活记得找我，正好疫情防控期间社区干部天天住在这，需要有人做饭。后来他们就打电话给我让我来做饭，一个月 2 000 元，我觉得还行，就一直在做这个。

（访谈记录：YM20201125F3）

笔者在调研过程中了解到，部分搬迁移民为了方便照顾家庭，把外出务工地点选在距社区较近的位置，比如 Y 区 CL 经济开发区（案例 4－4、案例 4－5）。CL 经济开发区发展目标是成为 Y 区“一江二桥三镇”城市格局的三大功能片区之一，其产业导向以建材、化工、机械、汽配工业为主，物流为辅。该区域的第二产业已经成为推动区域国民经济增长的主要力量，一些本地人在那务工为生。目前该经济开发区产业和企业规模较小，产品附加值、技术含量低，吸纳劳动力就业的能力仍然不足。

案例 4－4：

我们是一家五口搬过来的。我在 CL 经济开发区那的工厂做口罩和防护服，离这里很近，今天我是请假了在家休息。我老公在贵州工地上做事。老家还有 8～9 亩地，家里老人在种。

（访谈记录：YM20201116F2）

案例 4－5：

我在 SY 市 CL 开发区的工地上做事。我的收入还行，每天 200（元）多工钱，有意外险，没有“五险”，一个月至少挣 6 000 元。老婆在家带娃，我感觉在这生活还可以，赚钱嘛，年轻人只要肯干就问题不大。

（访谈记录：YM20201112M4）

目前，社区内部出现了搬迁移民返乡就业创业的趋势，但由于本地产业发展层次不高，难以满足本地劳动力的就业需求，不少搬迁移民还是选择到市外或者省外务工。社区书记也指出，目前安置社区的“三留守”人员较多（案例4－6）。对于父母外出务工，把孩子也一同带出去的家庭，他们在外一家团聚，也能享受到更好的就业和教育机会，要吸引他们返乡务工不太现实。对于父母双方或一方在外务工，孩子留守在家的家庭来说，以政策红利引导他们返乡务工，既能保障家庭生计发展，也能让他们一家团聚，促进孩子的身心发展。

案例4－6：

我们社区外出务工的很多，社区“三留守”人员较多。目前发展的兜底产业能让移民挣点小钱，但挣不了大钱，从脱贫产业到富民产业，还有很长的路要走。目前，有一小部分打工人回流了，后面我们的任务就是要吸引更多的人返乡务工。特别是对那些孩子在社区上学，父母出去务工的家庭，争取通过政策宣传、奖补等方式引导这一部分人群返乡务工。

（访谈记录：SQ20201109M1）

（二）社区就近就业：顾家的生计选择

社区就近就业是脱贫攻坚背景下促进易地扶贫搬迁移民就近就业的创新做法。通过开发安置地就业空间，保障社区入住率和移民生计安全，从而带动社区公共服务和周边商圈的发展。社区就近就业岗位主要包括社区专职工作人员、网格员、楼栋长、物业人员等社区基层工作岗位，以及社区幼儿园、小学、医院、两大兜底产业和社区商铺等提供的就业机会。社区就近就业岗位的设立，使那些为照顾老人、子女等不方便外出工作的人们有了生计选择。

1. 社区基层治理岗位

社区基层治理工作主要提供了社区专职工作人员、网格员、楼栋长等基层工作岗位。这些岗位的准入门槛相对较高，吸纳了文化水平较高的社区移民，其中以女性居多。

案例 4－7：

我家是 2019 年 4 月份左右搬过来的。2018 年我在老家村里上班做网格员，那时候生了二胎在家带小孩，村里问我去不去上班，我反正也闲着就去了，工资 2 000 元左右。后来 2019 年年初，我就去了社区做网格员，现在做社区专职工作人员，月收入 2 000 多元，比网络员工资稍高。

我老公在 SY 市东风汽车上班，2017 年开始就一直在那上班。开始我们生完二胎之后本来准备去外地，因为他做的是金融那行，他就觉得 SY 市这个小地方，那方面工作机会还是比较少的，就准备去深圳那边。后来因为他爸爸突然生病了，为了方便照顾家里，我们就没有出远门了。后来我也在这地方上班了，然后他又不可能跑很远的地方上班，就到 SY（市）东风（汽车）来上班了，转行做技术。

我公公每天就是种种菜。我老公老家离这很近，这边有亲戚有地，娃子爷爷就种了一点点菜。娃子奶奶在社区香菇产业园那里做保洁，一个月 1 500 元。

搬过来后，我们家收入虽然没有提高，但是我们现在这个年纪了，你看 30 多岁了，家里有老有小了，如果在大城市里肯定不止这个收入，但是从家庭稳定（角度）来说的话，怎么说，没有那么高的要求的话也算可以吧。

（访谈记录：YM20201110F4）

从工作性质、工作时间和工作收入来看，对搬迁移民来说，社区专职工作人员是比较优质的就近就业选择（案例 4－7）。但这份工作对年龄、学历、办公技能有一定要求，只有少部分移民群体能够胜任。由于这份工作比较体面、离家很近，一些文化水平相对较高的移民群体，尤其是在家带孩子的妇女，会优先选择在社区做基层管理工作。

2. 社区就近务工

务工方面，在社区内部的务工地点主要是B公司袜厂和其他几个公司的扶贫车间。B公司袜厂于2019年建成，建于社区内部，方便移民上下班。成立初始，该公司招工较为困难，人员流动性很高。一年多以来，在政府引导下，公司不断做出调整和改进，部分搬迁移民逐渐适应了工厂化的生产方式。目前，B公司员工有一大部分来自安置社区。

在B公司袜厂务工，一般都是计件工资，即多劳多得。对于一些移民群体来说，在B公司袜厂务工的收入并没有外出务工时的收入高。之所以选择在该厂做普工，有些移民主要考虑的因素是有一份收入的同时兼顾家庭，有些则是因为年纪大了，在外没有合适的就业机会，只能返乡就近就业。案例4-8中的访谈对象是B公司工厂的车间主任。她今年31岁，工作负责且工作效率高，很快就升职做了基层管理者，现有她的收入基本和以前在外工作时的工资水平持平。据了解，她管理的包装车间有30多个人，基本来自社区，目前她所在车间的员工基本稳定下来，其中四五十岁的女性居多。除了B公司的袜厂和扶贫车间，社区内还有另外两个公司的扶贫车间，主要是生产袜子和玩具。搬迁移民通过多方了解不同公司扶贫车间的就业要求和收入等情况，做出最适宜自身情况的就业选择。笔者了解到，三种就业方式各有利弊，其中B公司袜厂工资水平相对较高，三餐免费，但工作时间不自由，对工作效率有一定要求。其他两个扶贫车间的务工时间都比较自由。相对而言，玩具厂扶贫车间的做工工序更复杂，工资更高一点。可能基于此，在玩具厂扶贫车间务工的年轻女性相对多一些。

案例4-8：

我是2019年6月底进的B公司袜厂，一开始做普工，就是包装工，2020年元旦开始做包装车间副主任。我在这里工作，一是因为这里离家比较近一点，方便照顾孩子，然后也有点额外的小收入，也就是工作家庭两不误啦；二是这里花销比外地稍微便宜点，这里工资也足够家里花销了。

搬过来之前我换过不少工作，在幼儿园工作过，也在小饭店当过收银员。以前主要是我老公工作，他一直在Y区做建筑，现在我也工作了，搬过来后我们收入增长了。我婆婆在帮我们带孩子，但没和我们住一起，因为我老公他家是三个儿子，在这一人一套房。我公公和我老公一起做建筑。

我现在偶尔加班，平常一般工作九个半小时，月收入有三四千元，工资比较稳定，扣了“五险”有3 000多元。之前我做包装工做了一周多，后来做了班长，试用期2 500元，过完试用期工资2 800元。我觉得这里工资不低，主要是看手快手慢，我们车间50多岁的阿姨，也有一天能挣五六十元或者七八十元的，比较稳定。计件嘛，就是多劳多得。

（访谈记录：YM20201111F3）

案例4-9中的访谈对象大概60多岁，她丈夫在外务工经常不在家，她在家照顾公公婆婆，每天都要给老人做饭，除此之外，空余时间较多。因此，她想找一份时间自由、工作地点离家较近的工作，挣点钱的同时也能打发时间。由于她年纪大了，比较合适的就业方式就是在社区内部的扶贫车间打零工。通过对比几个扶贫车间工作要求和收入，最终她选择了在C公司扶贫车间做包装工。案例4-10中的访谈对象31岁，其丈夫在外务工，她在家中照顾两个孩子，因此她只能找时间要求相对灵活的工作。也是基于这样的原因，社区内部许多留守妇女选择在社区里的扶贫车间工作。笔者观察发现，年轻且时间较为自由的移民群体更愿意选择在B公司袜厂务工，需要接送小孩、照顾老人的移民群体多选择在另外两个扶贫车间打零工。C公司扶贫车间建在社区幼儿园旁边，不少留守妇女选择在这个扶贫车间打零工，接送小孩更方便。

案例 4-9：

我是 2019 年 2 月左右搬来，2019 年 10 月左右在这工作的。之前在我外地工作，做小生意卖饭之类，辞工回来就在（C 公司）作坊做包装工。我一个月手快的话能挣 2 000 多元，就是挣个零花钱。一般每天 8 时前到，18 时 30 分下班，一天至少（工作）8 小时，8 小时内有事外出请假即可。"大袜厂"那里对做袜数量要求太高，虽然我也是勤快人，但年纪大了，感觉在那有压力，所以选择在这个作坊做事。我老公才去河南打工没多久，在亲戚那做建筑。

（访谈记录：YM20201112F4）

案例 4-10：

我在玩具厂作坊工作，老公在十堰开车，几个月回来一次。玩具厂作坊比（C 公司）那个作坊赚得多，每个月至少能赚 1 000 元。我有两个小孩，一个幼儿园，一个小学一年级，都在社区上。最近我想辞了玩具厂的工作，专心照顾孩子的学习和生活。

（访谈记录：YM20201112F5）

此外，新冠疫情防控期间，社区大量外出务工人员滞留在家。在政府协调下，B 公司为无法外出务工的搬迁移民提供了就业机会。据了解，截至 2020 年 3 月，Y 区 Q 安置社区里的袜厂扶贫车间复工上岗达 200 余人，其中因新冠疫情影响不能外出务工的省外务工人员达 60 余人。笔者了解到，当时部分搬迁移民为了减轻生计压力，选择去社区 B 公司袜厂或者其他几家公司的扶贫车间务工作为生计过渡，但在疫情得到控制后，不少搬迁移民还是因为收入等原因选择外出务工。

3. 社区就近创业

近年来，农民工返乡就业人员持续增加，其重要原因之一在于外出就业的动力发生根本性转变。程名望等（2006）认为，城镇拉力不足已成为农民工进城务工的主要制约。其中，部分农民工选择返乡创业为生。目前，国内农民工创业的相关研究围绕农民工创业意愿、农民工创业过程以及返乡创业原因分析。农民工创业地域选择主要分为“返乡创业”和“留城创业”两种。黄建新（2017）认为，创业地是创业者根据现有创业政策以及自身拥有的资源条件做出的重要决策，其中农民工返乡创业是工业化、城镇化和农民工市民化协同推进的结果。

在案例社区，社区网点及农贸市场等商铺为搬迁移民提供了就业创业的机会。同时，也有部分搬迁移民利用自身的技能，在社区自主开店创业。搬迁移民的就近创业选择主要是基于以往打工积累的资金、人力资本以及对创业环境的比较分析，体现了他们较强的生存适应能力。

案例 4-11：

我是去年（2019 年）8 月在社区这开的理发店，跟我弟弟借的钱。开店花了一万多块，不到两万，现在开店整整一年，成本差不多赚回来了，借的钱已经还了。我之前是在外地开理发店，现在搬过来了，就想着在这里开理发店。因为我一直做的这个，一下子再换个事做我也不习惯，再说我还要带小孩，我小孩还在上学。

我开店的这个房子是我姐姐的，她也搬过来了，她因为带孙子就没住这里。像我这样在社区有门面的理发店有四家，私人自己在家开的也有三四家。不过自己在家开店的话生意难做，我这是一楼，我要住在五楼开店，肯定没啥生意，谁愿意爬五楼，是吧？你看我这门口专门设了个理发店的招牌，都还有很多人不知道我这个店呢。

（访谈记录：YM20201117F2）

案例 4-11 这位访谈对象的丈夫常年在外务工，她利用亲戚闲置的住房在社区开了一家理发店，在做理发生意的同时还要兼顾家庭。她选择这种生计模式的原因主要在于：一是能发挥自己专长；二是当时社区理发店不多，无法满足当地居民需求；三是工作时间比较自由，方便照顾上学的孩子。搬迁初始，社区周边商业和相关服务还没发展起来，无法及时满足居民生活上的需求，部分搬迁移民看准了这个商机，利用自住房或者租房创业，实现了搬迁后家庭生计方式的成功转型。

（三）兜底保障："老弱病残"生计的兜底支持

随着扶贫工作的深入，处于贫困边缘的人口多为老弱病残群体。步入乡村振兴阶段，因病致贫、因病返贫，仍是需要啃的"硬骨头"。Y区通过社会保障兜底扶贫和健康扶贫不断提高兜底水平和医疗保障水平，对贫困人口重大疾病救治建立"基本医保＋大病保险＋医疗救助＋补充保险"四位一体的健康扶贫兜底保障机制。易地扶贫搬迁集中安置模式下，安置搬迁移民中通过社会保障扶贫兜底的并不在少数。在安置社区，主要是通过逐步提高保障标准，加强医疗救助扶持，实现贫困人口就医便利，解决因病致贫问题、因病返贫问题。

部分搬迁移民家庭生计难以维系，主要靠社会保障扶贫政策兜底。脱贫攻坚期，国家实行社会保障兜底扶贫，推进农村低保标准与国家扶贫标准"两线合一"，对不能通过产业扶持和就业帮助等措施实现稳定脱贫的贫困家庭实行政策性保障。在此背景下，一些完全或部分丧失劳动能力的贫困群众，在低保、"五保"等兜底政策支持下维持生计。截至本书成稿时，搬迁移民中有慢性病的对象1 996人，占社区总人数的12.98%，该比例是Y区的3.1倍；有低保的对象1 881人，占社区总人数的12.23%，该比例是Y区的1.8倍①。

案例4－12中的访谈对象的家中有五口人，其中她和她丈夫以及丈夫的哥哥因身体不好无法工作，两个孩子有一个正在读书，一个已经工作，

① Q安置社区在统计分析农村低保对象、退役军人对象、慢病对象、精神障碍患者对象、残疾人对象等5类特殊群体时，按照"精神障碍患者、残疾人对象、低保对象、慢病对象、退役军人"属性先后顺序进行了去重处理。即某人同时属于几类对象时，只在第一属性进行统计，后续属性不重复统计。

即她家中只有一个正常劳动力。她女儿之前在社区物业工作，今年（2020年）才去武汉，考了专升本，准备在武汉边备考读书边工作。她家医疗支出很多，其中2018年住院报销一万三千多元，2019年住院报销两万八千多元。2019年，家里三口人开始拿低保，在那之前，只有她丈夫的哥哥享受补贴救济，如护林员补贴、临时救助补贴等。当时，她家主要依靠低保和亲戚支持维持生计。除了这种家庭困难确实需要兜底政策扶持的，还有种情况是，有些人的生活条件明明没有那么差，却总想通过“诉苦”“求助”“闹一闹”“上访”等方式获取更多帮扶机会。

案例4-12：

我们家五个人，搬过来四个人，我老公的哥哥得了精神病，留在了老家没过来。我老公股骨头坏死，身体不好。我去年（2019年）生病，做手术把肝切除了三分之二。我们是去年（2019年）拿的低保，三个人都拿了，我和我老公，还有我姑娘。除了低保，我娘家经常接济我们。我家两个孩子，大的才去武汉，之前她在社区物业，工资2 200（元/月）左右。我不想让她出去，觉得女孩子在身边还是放心些。但我女儿觉得社区工资太少不够家里开支，她觉得自己还是有点文化的，出去能够拿多点工资赚个生活费。现在年轻人有自己的想法。她才去武汉没多久，刚刚考了专升本，要是考上了就半工半读，她自己供自己读书。最近说是进了电子厂吧，没去啥好地方，暂时住她同学那，可能之后她会去做房地产销售。

（访谈记录：YM20201117F1）

扶贫难扶志。部分移民群体“等靠要”思想严重，与之形成强烈对比的是，有些人确实家庭条件很差，却还在努力靠自己谋生（案例4-13）。由于社区内部有不少弱劳动力或者无劳动能力群体，因此兜底保障型生计模式仍是搬迁移民生计活动的重要类型之一。可以说，社区兜底保障压力依然不小。

案例 4-13：

有些人没有特别困难，我入户时他们总跟我诉苦，我知道他们的意思，就是想着要帮扶、要资助，现在谁都想有点钱、减轻点负担。我们这确实有一些过不下去的，很困难的。你看我们这有一户，男的胳膊没了是残疾人，女的是智力障碍者，夫妻俩基本干不了活，生活基本靠低保。家里还有个上学的娃，上大学了，也还没赚钱，他家算比较困难的。他家比较牛的就是，一家三口都出去了，在市场上摆摊做生意。生活苦是苦了点，其实多少都是可以靠自己的，总有些人想着闹一闹就有钱花，想着天上掉馅饼。

（访谈记录：YM20201117F3）

二、农业型生计：现代与传统并存的生计选择

随着经济的发展和新型城镇化的推进，在农村的推力和城市的拉力的综合作用下，许多农户选择到外地打工为生。从表面上看，农户对土地的依赖性大为降低。实际上，这种以土为生的理念已经深植农户心中。一方面，土地发挥了“蓄水池”作用，有土地就相当于保留了农户生存的退路。一些农户趁年轻出去务工，年纪大了还是选择回老家种地。另一方面，随着农业现代化的发展，规模化的土地生产能够降低风险并产生更大的经济效益。对农户来说，出租、流转、以土地入股，或是以劳力参与现代化农业生产，都能获得一份收益。此外，当农户把视野从一亩三分地转向就业机会更多、公共服务体系更完备的城镇时，农户家庭兼业型生计发展趋势显现。无土安置模式下，对于年轻移民群体来说，在安置社区内部，土地的有无似乎无关痛痒，但对于一些中老年移民群体来说，以土地为生是根深蒂固的传统习惯，失去土地就失去了安全感。在这一背景下，部分搬迁移民选择往返于老家与社区，还有部分搬迁移民在社区开垦绿地

用来种菜或者在社区附近租地种菜自给自足。基于此，案例社区农业型生计活动主要体现为以香菇种植为代表的农业现代化生产和以传统种植业为代表的传统农业生产。

（一）农业现代化生产：生计方式的现代转型

农业现代化进程，直接关系到社会主义现代化目标的进度和成色。“十三五”时期，我国农业现代化水平大幅提升，农业综合生产能力进一步增强，乡村产业振兴实现良好开局。与此同时，农业仍是现代化建设的短板，主要体现在农业基础设施薄弱、现代设施装备应用不足、科技支撑能力不强、农业结构性矛盾日益凸显、发展质量效益和竞争力不高等方面。根据 2021 年中央 1 号文件的要求，加快构建现代农业生产体系，强化现代农业科技和物质装备支撑；构建现代乡村产业体系，依托乡村特色优势资源，打造生产、加工、仓储保鲜、冷链物流等农业全产业链；推进农业绿色发展，降低资源和生态环境承载压力，实现农业现代化与生态环境改善“双赢”；加快构建现代农业经营体系，提高农业生产集约化、专业化、组织化、社会化水平①。在这一背景下，Y 区积极实行产业扶贫，发展香菇产业现代化生产体系，以形成集生产、加工、储藏、物流、销售于一体的全产业链为发展目标。在案例社区，当地积极引导移民群体参与香菇产业现代化生产模式，通过资金支持、技术指导、保价收购等方式加快当地移民的生计融入与职业转型。

1. 香菇种植为主

在社区香菇产业的发展过程中，部分移民家庭发展了以香菇种植为主的兼业生计模式。农户在农业生产中的兼业行为有助于促进农村剩余劳动力转移，是农村经济社会转型的必经阶段，也是现代化进程的必然结果。对案例社区移民而言，家庭生计活动的多样化，对于加强生计安全、促进

① 刘慧．加快推进农业现代化：2021 年中央一号文件述评之二［N］．经济日报，2021-02-25.

家庭生计可持续发展非常重要。

案例 4-14：

“现在我做了 8 000 多棒香菇，收入一年大概 7 万元。”2019 年搬到 Q 社区集中安置点的 CWB 高兴地告诉记者，2017 年刚开始种香菇，一年收入只有 3 万多元。慢慢地，技术有了，规模也扩大了。现在香菇交给妻子打理，他在安置点旁的香菇业 A 公司做技术员，每月还可以领到 4 000 元的工资，一年下来，一家人收入十几万元，日子过得越来越好。

（资料来源：根据《湖北农村网》2020 年 6 月 16 日的新闻整理）

案例 4-15：

我家之前一直在 SY 市租房子住，爸妈、姐姐和我一起。我们很少回老家，基本上就是有事的时候才会回老家。搬过来之后，我爸妈就一直在种菇。我家在这是最早种菇的那一批，很早就报名种菇了，当时算是种得最好的。我今年（2020 年）毕业，9 月 1 日在社区幼儿园上班。本来准备去之前实习的学校，后来学校不缺人没去成。当时因为（新冠）疫情半年没有开学，今年可能够龄的小孩又要来，我觉得可能缺人，就去社区幼儿园问了一下，他们刚好缺人，后来我通过面试就过来上班了。

（访谈记录：YM20201113F1）

案例 4-14 中，该搬迁移民在搬迁后选择以种香菇为生，随着种植技能的加强，其生产规模逐渐加大。随后，他脱离具体生产环节晋升为 A 公司技术员，成为拿固定工资的上班族。同时，由他妻子继续发展香菇种植业，其家庭生计在两种就业模式交互影响下持续上升发展。当然，这种例子比较少见，与个体较好的综合素质息息相关。案例 4-15

体现了以香菇种植为主的家庭生计多样化发展模式。对于一些核心家庭而言，父母依然是生计发展主力，随着下一代进入社会走上工作岗位，家庭生计呈现多样化发展态势。社区幼儿园、小学、医院以及社区居委会为一些文化程度相对较高的年轻人提供了就业机会。随着搬迁移民对教育、医疗以及其他公共服务需求的增多，相关岗位还会进一步开发并优先提供给移民。

2. 香菇种植为辅

尽管社区在大力引导移民参与香菇产业现代化生产，仍有一些移民因各种原因，实行小规模种植，以此作为家庭收入的补充。目前，搬迁移民就业以外出务工为主，一些劳动力人数较多的移民家庭，发展了包括外出务工、香菇种植等在内的多样化生计模式。

案例 4－16：

我公公婆婆在社区香菇产业基地种菇，因为身体不太好，就种了一棚，现在是头茬最后了，有 4 000 棒，前天卖 6.5 元，昨天就卖不起这个价了，卖 4.5 元。种香菇还是很辛苦的，一上棒就特别忙，像今天早晚下雨什么的，早晚都要揭棚盖棚，他们平时都住在大棚这边的板房。我老公主要在外务工，闲暇之余回来帮忙种香菇。

（访谈记录：YM20201119F2）

案例 4－16 中的社区网格员的家中有三种收入来源：一是她丈夫的务工收入；二是她作为社区网格员的工资收入；三是她公公婆婆种香菇的收入。由于家中老人身体不好，只能小规模地种植香菇，因而这方面的收入并不多。总体来说，家里主要收入来源还是其丈夫的务工收入，当然其他两种收入也是家庭生计的重要补充。此外，笔者了解到，部分移民由于技术掌握不到位，香菇生产效益不佳，逐渐缩小了种植规模；还有一些劳动力较弱的移民群体也尝试着参与香菇种植业，其中部分移民由于身体原因，逐渐放弃了种植香菇。

（二）传统农业生产：生计方式的传统承继

前文分析过，在案例社区无土安置模式下，部分移民群体难以适应没有土地的生活。笔者观察到，搬迁后仍选择传统农业生产模式的搬迁移民一般有以下特征：长期乡间务农、年纪较大、勤劳、务实、相对保守。对于社区老年移民群体来说，传统农业生产是根深蒂固的惯习，也是重要的生计方式。申鹏（2016）对比分析川黔渝新生代农民工和老一代农民工就业行为差异，指出新生代农民工选择专职务工比例比老一代农民工高9.2%，可见新生代农民工务农意识淡薄，更加渴望进入城市发展，而老一代农民工对土地有着很强的依赖感。目前，少部分搬迁移民选择在社区附近种地或是农忙时回老家种地，自给自足的同时增加一点家庭收入。

1. 社区附近种地

安置社区在规划建设期，就在临近地专门设置了田地，但搬迁移民普遍表示距离社区较远，不方便种地。为了满足一些移民的种地习惯和生计需求，社区干部组织协调把迁入地所在村的部分撂荒地提供给移民进行开垦耕种（案例4－17）。

案例4－17：

2020年11月19日，Q社区的71岁居民ZWD，正在开垦邻近的LW村3组刘某家的0.6亩撂荒地，以便种植蔬菜等农作物增加收入。

据了解，到目前，LW村村民同意Q社区年老居民无偿开垦耕种撂荒地50多亩。

易地扶贫搬迁安置项目Q社区位于LW村境内，自2018年12月建成以来，LW村一些因外出务工经商而有撂荒地的农户，根据不少上了年纪的易迁对象联系接洽要求，让其无偿开垦耕种撂荒地。此举，既增加了易迁户的经济收入，也持续培养提升了地力，达到了双方满意的目的。

（资料来源：根据《Y区网》2020年11月20日的新闻整理）

对一些老年移民群体来说，土地就是最大的生计保障。在易地扶贫搬迁实践中，移民种地的需求和相应的土地规划在多地的安置点都有所体现。就村内安置模式来说，笔者在四川广元市调研时了解到，为了保障当地贫困人口的生计安全，当地采取适度集中的方式，因地制宜规划了不少村内就近集中安置点。在这些安置点内，每间房屋周围都开辟了一小块田地供居民种植果蔬。此外，由于距离老家很近，不少移民还是会回到自家田地种地。虽然也有一些移民抱怨种地不方便，新居没有放农具的空间等问题，但总体来说，移民的种地需求得到满足，生计安全也因此得到保障。村内安置与城镇化安置各有利弊，但对于老年农户来说，搬入社区后要交更多的水电气费、要花钱买菜，生活成本突然的增加对他们的生计造成了隐忧。笔者入户时发现，不少老年移民最常抱怨的就是没有地种。基于种地需求，部分离房屋较近的社区绿地被移民开垦。尽管社区严令禁止这种行为，仍有不少绿地被移民开垦用来种植果蔬，用一位社区网格员的话来形容，就是“拦都拦不住”。

案例 4-18：

我们是 2019 年 10 月搬的，那时因为孩子上学没放假就没过来住，腊月过后才真正住下来了。我们一家 7 口人，家里就我老公一个人挣钱，压力比较大。我老公在 SY 市打零工，做家装。搬过来以前他也在那里打零工。我公公婆婆也搬过来了，他们之前不想搬，主要是因为这边没有地，但我们都想搬，毕竟在外租房子也不是长远的事。

本来我公公婆婆想搬过来以后种香菇，后来怕价钱卖不好亏本，也不想太劳累操心，就没种。我公公婆婆现在没住这，我们在附近租地让他们种，他们在那旁边租房住，种点菜打发时间。租的地不是很好，杂草很多，主要种点青菜、萝卜。之前也卖过，但菜长得也不是很好，就种来自己吃算了。

今年我老公没啥活，本来想做点养殖，之前在租房子那个地方养了羊，还有牛，但发现不怎么挣钱，后来我老公就没怎么做了。最近他才出去打工，去SY市刚刚好一个星期。他做家装的时间不长，也是这两年慢慢学的，有的时候是180（元）一天，慢慢涨到220（元）一天，我不知道现在多少。反正现在没啥活，有（新冠）疫情的原因，可能也跟他这一行做的时间不长有关。我没工作，一直在家照顾小孩，家里两个小孩，一个五岁上幼儿园，一个两岁。以后小孩大了，我也想在家附近找个工作，离家近点能照顾家里，方便孩子上学。

（访谈记录：YM20201116F1）

案例4－18中的访谈对象的丈夫一人负责家里七口人的生计，生计压力较大。家装行业收入不低，她丈夫肯学肯干，近两年学习相关技能，收入逐渐上涨。突如其来的新冠疫情导致务工机会变少，她丈夫尝试在家附近做养殖，可惜效益不好，最终还是选择外出务工。她的公公婆婆就是很典型的有种地情结的老年农户，即使种地没有多少收益只够自给自足，也要想办法继续种下去。对老年移民群体来说，土地不仅是一种生计方式，也是一种生命情结。笔者在新疆喀什调研过的阿克塔什镇易地扶贫搬迁安置点和案例社区都采取县域内城镇化集中安置模式。不同之处在于，阿克塔什镇土地资源丰富，易地扶贫搬迁安置点给搬迁群众人均分配2.5亩耕地，共计3.46万亩。Y区属于秦巴山区，土地贫瘠且田地少，散户的传统农业种植方式只够自给自足。因此，当地在安置社区建立香菇产业基地，鼓励搬迁移民由传统农业种植转向香菇规模化种植，加入兜底产业现代化发展的行列。

2. 老家种地

传统农业生产自给自足也是生计重要来源之一。笔者在入户调研时遇到一位老年移民，她儿子常年在外打工，她农忙时回老家种地，农闲时在社区，也就是俗称的“两头跑”。还有一些搬迁移民把老家土地流转出去或者入股合作社获取红利。对搬迁移民群体来说，土地资本仍然具有重要的经济价值和社会价值。土地资本的保留让搬迁移民觉得有退路、有保障，尤其搬迁后面临较大生存压力的时候能够自给自足并获得心理上的安慰。由此可见，保障搬迁移民对原有土地的合法权益非常重要，原有土地资本对搬迁初期的移民具有经济和心理层面的生计安全保障性效用。

搬迁极大改善了搬迁移民居住的自然环境，却无法保证移民在搬迁后能够完全适应新环境（案例 4－19）。因此，搬迁户初期普遍处于生计适应期，需要通过生计建设提升生计能力。“两头跑”也是一种生计策略，体现了处于生计适应期的摆动型生计选择。“摆动型生计”体现了搬迁移民生计适应和社会适应的过程，在摆动中，搬迁移民可以选择更适合自己居住的地点和时间。但对于案例社区来说，不少搬迁移民的迁出地距离社区较远，“摆动型生计”并不是长久之计。所幸的是，随着社区兜底产业的发展、就近就业机会的增多，以及公共设施和公共服务的改进完善，搬迁移民“两头跑”现象正逐渐减少（案例 4－20）。

案例 4－19：

社区干部 D 某回忆，居民刚搬进社区时，有些人非常不习惯社区生活，不习惯用天然气，不习惯没有土地，不习惯不能养鸡鸭，等等。搬迁初期，社区公共设施较少，周边商圈尚未建立，居民买菜、购物都很不方便。一些移民往返于老家和社区，对于在社区稳定生活心存疑虑。随着社区临时商贸市场和社区党员群众服务中心的建立，社区公共服务（水平）大为提升。兜底产业发展起来后，生计安全基本得到保障。“过了大半年，老乡们安了心，动不动往老家跑的少多了。”D 某说。

（资料来源：根据《SY 日报》2020 年 11 月 6 日的新闻整理）

案例 4－20：

我们社区现在这种“两头跑”的现象不多。一开始，确实有些人不适应，现在搬迁两年多了，居民接受新生活方式和新生产方式的程度提高了很多。年轻人容易接受新生活方式和新生产方式，而且年轻人在我们这边从事传统农业的比例极低，尤其是偏远山区的，本身就在外务工，所以这个群体“两头跑”的可能性不大。我们这边年轻人从事农业的一般都是居住在城郊区域搞采摘体验式农业，科技含量高收入高。“40＋”的人，迁入地安置区如果没有合适产业跟进的话，确实容易出现“两头跑”的情况。Y区搞的香菇产业，尤其是在我们社区，香菇产业恰好承接了这个年龄段劳动力的需求。

（访谈记录：SQ20210116M1）

三、小结

社区移民在非农就业与农业就业方面生计活动的多样化，呈现搬迁移民生计安排的多元化、复杂化与动态化。非农就业方面，以外出务工、社区就近就业以及兜底保障为主。其中外出务工是主要的生计方式，省外务工与省内务工的搬迁移民基本各占一半。在袜业和社区平台提供的就业岗位中，部分搬迁移民抓住机会实现了就近就业。此外，在集中安置模式下，不少无劳动力或弱劳动力的贫困群体集中搬迁到社区，因而依靠政策兜底的生计模式也是搬迁移民群体生计安排的重要组成部分。农业就业方面，主要是以香菇种植为代表的农业现代化生产与以传统种地为代表的传统农业生产。部分搬迁移民对香菇种植的收入较为满意，其家庭生计以香菇种植为主，也有一些搬迁移民家庭生计呈多样化，香菇种植只是家庭收入的一部分。对于部分中老年移民群体来说，依赖土地为生既是刻在骨子里的惯习，也是重要的生计方式。于是，他们利用社区内部和附近的土地继续种地，其中有些搬迁移民选择回老家种地，以“两头跑”的方式过渡生计的断裂期。

总体来说，从生计活动类型、生计组合方式以及生计活动地点三方面可归纳搬迁移民生计安排的大致特点。从生计活动类型来说，搬迁移民主要的生计方式还是外出务工。此外，在 Y 区兜底产业的大力发展下，兜底产业尤其是香菇种植吸纳了不少搬迁移民的就业。袜业在当地是一个新的产业，产业融入需要一定的时间。目前，袜业招工基本稳定，但就业量仍需提升。从生计组合方式来说，一定程度上显示了搬迁移民生计发展的二元分化。一方面，部分搬迁移民家庭生计呈现单一化，老年群体、残障群体等难以融入兜底产业发展中，呈现出生计单一的发展状态，也有一些年轻群体，比如社区的单人户、两人户、三人户，由于家庭劳动力数量较少以及自身能力不足，只能以单一的生计方式谋生。另一方面，随着兜底产业的发展以及社区内部就业岗位的提供，部分搬迁移民家庭的生计安排呈现生计活动多样化特征。社区内部，两三代人共同居住的搬迁移民家庭居多，家庭劳动力数量上的优势为家庭生计提供了较为丰富的收入来源。也有少数个体思维灵活、身体健康、技能较多，身兼数职，把家庭生计发展融入了区域产业发展之中，走上了脱贫发展的快车道。从生计活动地点来说，尽管搬迁前后移民的主要生计方式都是外出务工，但随着区域兜底产业的发展和社区就近就业岗位的提供，部分搬迁移民因需照顾家庭等原因选择就近务工或者在社区就近就业，基本远离了以往在外地租房打工的生活，生计活动地点趋于稳定。

第五章 生计结果：生计改善与生计风险并存

生计结果是指农户采取的生计策略所产生的结果。可持续生计框架给出五种生计结果，如脆弱性减少、收入增加、生活水平提高等。生计结果是可持续生计分析框架中的重要组成部分，只有深入理解生计结果的内涵，才能在扶贫开发过程中了解贫困农户所追求的生计成果类型或者目标（苏芳，2015）。通过分析案例社区呈现的生计结果，有助于理解搬迁移民的优先需求、生计安排调整原因以及制约他们实现生计目标的主要因素等。在脱贫攻坚背景下，案例社区移民的生计结果表现为生计改善与生计风险并存。

一、生计改善状况

Y 区坚持搬迁与后扶同步，统筹推进易地扶贫搬迁工作。Q 安置社区搬迁工作于 2018 年 12 月启动，所有社区移民均为建档立卡贫困户。在当地产业扶贫统筹推进下，社区配建 1 000 万棒香菇产业基地和 5 万平方米袜业扶贫车间，为搬迁移民提供就近工作机会。两年来，在区域兜底产业引导和社区就业帮扶下，有劳动力的搬迁移民家庭实现至少一人稳定就业，全部搬迁移民实现脱贫，总体来说，生计状况有所改善。

（一）生计资本存量逐渐积累

1. 金融资本

在脱贫攻坚背景下，搬迁移民生计发展变化突出体现在金融资本即可支配现金的增多。可支配现金来源于自身现金收入，以及从正规或非正规渠道获得的贷款。目前，社区移民的生计方式有外出务工、农业生产、社区就近就业等。在当地产业就业政策的大力支持下，搬迁移民家庭收入逐年提升，实现了整体脱贫。

据统计，搬迁前 2018 年社区移民人均年收入 3 980.07 元，搬迁后 2019 人均年收入 5 046 元，增长率为 27%；预计 2020 年将接近 6 500 元，与搬迁前 2018 年相比增长 63%①。近两年，参与袜业、香菇种植的社区移民经济收入显著提升。据了解，社区内袜业公司和扶贫车间累计吸附就业 2 000 余人，累计发放人员工资 1 500 万元，人均增收约 7 500 元②。袜业扶贫产业园现有稳定在岗工人 500 余人，月付工人工资约 120 万元，月人均增收 2 400 元左右；袜业扶贫作坊招收劳动能力较弱的特殊群体，现有稳定在岗的这类工人 45 人，月付工人工资 4.5 万元左右，人均月增收 1 000 元。2019 年，356 户社区移民参与香菇种植，户均种植 8 400 棒，实现销售额约 3 500 万元，辐射带动劳动力就业 2 000 余人，人均增收近 2 万元。

2. 人力资本

安置社区为搬迁移民提供了教育、医疗、培训等公共服务，有效促进了搬迁移民人力资本的提升，为实现有利的生计结果奠定了基础。其中，产业就业培训体系的建立健全极大提升了搬迁移民的生产技能，进一步推进了搬迁移民的生计转型和生计融入。

社区内具备完全劳动能力的搬迁移民约为 8 500 人，在实现有劳动力家庭至少一人就业基础上，社区注重产业就业技能培训，有效提升了就近就业比例。据统计，截至 2020 年 9 月，社区职业培训组织频率和规模约为 0.4 次/月，平均每次 300 人左右；培训前搬迁移民年人均收入 9 500 元，培训后人均年收入 12 000 元，增长率为 26%；已参与职业培训人数约 2 300 人，占社区劳动力总人数的 27%③。参与培训的社区移民基本上正在从事袜业生产或香菇业生产。袜业方面，自 2019 年上半年 B 公

①②③ 数据来源：案例社区内部资料（2020 年 9 月）。

司袜厂开工后，公司累计组织近 800 人参加岗前培训。香菇业方面，菇农每年参与集中或分散的种植技术培训，2018 年至 2020 年累计参与香菇种植的移民家庭约 1 000 户。总体来说，搬迁移民的生产技能以及教育、医疗机会在安置社区得到了保障和提升。

3. 社会资本

搬迁两年多来，随着社区治理体系以及社区生活、就业、娱乐等公共设施和服务的完善，社区常住居民逐渐增多，搬迁移民之间的互动更加频繁和多样化。总的来说，社区移民社会网络已经初步形成，社区党组织和社会组织为搬迁移民生计发展提供了很大的支持。

一方面，社区党组织为搬迁移民提供了有力的生活服务和生计支持。在"区领导、乡镇联、社区拢"的领导机制下，以"党建主导、群众主体、支部主力"为主线，围绕整合各驻地单位功能、资源与服务，聚焦社区移民的生产生活需求，搭建社区党组织体系，主导社区内各类事务。社区驻地现有 5 个党支部：社区党支部有 162 名党员，下设 9 个党小组；袜业公司党支部有 3 名党员；香菇扶贫产业园区临时党支部现有 19 名党员；社区内教育系统党支部现有 3 名党员；社区内医院党支部现有 3 名党员。在社区党组织引领下，社区基本形成稳定的"社区—网格—楼栋"管理服务体系。此外，社区设有综合服务中心，将乡镇派驻干部、社区工作人员、供电部门、供水部门、燃气公司、广电网络公司、物业、教育部门、人社部门等部门及人员服务职能均集中于社区群众服务大厅，确保搬迁移民在大厅享受一站式服务。

另一方面，社区通过引进社会组织、发展培育生产互助组织等方式为搬迁移民提供生产生活支持，提升搬迁移民的社区认同感和归属感。第一，社区引入义工协会，在社区开展"时间银行"志愿服务与爱心超市融合发展项目。协会服务内容分为三大类，包括养老服务项目、文明创建项目和居民公约落实情况。目前，该协会在社区进行养老服务试点，提供的服务以情感慰藉为主，服务对象主要是社区"三留守"群体。第二，成立香菇生产互助组织。目前，在香菇产业基地搭建了 10 个片区生产互助组。

同时，相邻的 6 至 9 户菇农抱团发展，形成了 38 个“联户生产互助小组”。在实际生产过程中，较为正式的香菇互助组织、菇农自发形成的“工换工”以及亲戚、朋友帮忙等多种方式都发挥了关键作用。

（二）生计活动呈多样化趋势

1. 搬迁移民总体生计活动日渐丰富

目前，案例社区搬迁移民的生计活动以外出务工、参与兜底产业生产、社区内自主经营为主。外出务工是社区移民最主要的生计方式，其中省外就业 2 360 人，县外省内就业 2 150 人。劳务输入地主要有浙江、广东、江苏、武汉、河南等地，也有部分搬迁移民就近在 SY 市或者 Y 区附近务工。两大兜底产业及扶贫车间吸纳了社区移民近 2 000 人，其中留守妇女和留守老人居多。香菇产业方面，自 2017 年试点推行以来，临近社区分三期累计配建了 1 200 亩现代化香菇种植基地。2018 年以来，围绕“降低种植成本、控制种植风险、引导生态理念”陆续出台相关政策推动生产发展。2019 年，香菇生产带动社区 356 户 2 000 人增收脱贫。袜业方面，2017 年以来，Y 区经过考察决定把袜业作为精准扶贫的兜底产业。在深入论证研究的基础上，出台了从技工人才培养、畅通融资渠道、厂房租赁优惠、袜机购置补贴等方面的“黄金十条”政策，吸引袜业企业落户发展。2018 年，招商引进龙头企业入驻 Q 安置社区，装备袜机 1 651 台。目前，企业辐射带动各乡镇加工点 1 000 余人就业，人均月增收超过 1 000 元。全面投产后，可年产袜子 1.5 亿双，年实现产值约 4.5 亿元，带动 1 500 人增收脱贫。此外，社区平台也提供了不少就业岗位，比如社区商业网点、社区居委会等。其中，自主经营人员约有 360 人，社区基层工作人员约有 84 人，物业工作人员约有 63 人。

2. 搬迁移民家庭生计活动呈多元化趋势

随着 Y 区产业的发展以及社区生计安排的落地，部分搬迁移民家庭的生计安排呈现多元化趋势，其中大部分体现在多劳动力家庭中，少部分体现于个体的多元化生计活动选择中。在案例社区，搬迁移民家庭多为两三代人共同生活，劳动力数量较多，家庭生计来源往往较为丰富，生计活动往往由外出务工、兜底产业、社区就近就业这几种类型组合而成。此外，也有少数个体利用自身专长，依靠产业就业扶持政策的扶持，身兼数职，实现了个人能力的全面发挥。笔者通过社区网格员了解到，这一现象在案例社区并不多见，少数人在以往的务工经历中积攒了经验和技术，同时积极参与社区生计安排，逐渐实现了收入来源的增加。

二、生计风险表征

在易地扶贫搬迁背景下，移民生活的物理空间和自身心理空间产生了巨大的变化，整体来说，其生计环境呈脆弱性，生计发展面临一定的风险和压力。贝克（2004）提出，人类历史上各个时期的各种社会形态从一定意义上来说都是一种风险社会，但在近代之后，随着人类成为风险的主要生产者，风险的结构和特征发生了根本性的变化，出现了现代意义上的"风险社会"的雏形。在全球化背景下，人类社会面临比以往更多的风险，如大规模失业、贫富差距加大、环境污染、疾病等全球性风险。对易地扶贫搬迁移民来说，生计风险更是无处不在，失业、疾病、老龄化以及外在的产业风险、政策风险等都对其生计发展造成威胁。对于案例社区来说，虽然两大兜底产业吸纳了部分劳动力，但总体而言，产业发展层次不高，产业链不完善，吸纳的劳动力不多且主要是"三留守"群体。就脱贫攻坚目标而言，现有的扶贫政策基本实现了有劳动力的移民家庭至少一个人就业，以及所有建档立卡贫困户脱贫。但要实现移民整体的稳定脱贫，在产业就业发展、弱势群体发展以及移民群体能力提升方面仍有不少挑战。

（一）产业就业发展空间受限

实现易地扶贫搬迁移民在新环境中的安居乐业，关键在于推进当地产业就业发展、促进搬迁移民生计转型。脱贫攻坚期，就业扶贫方面，我国基本实现了有劳动力家庭至少一人就业；产业扶贫方面，多地都在发展特色产业，推动扶贫产业基地建设和新型经营主体发展。截至本书成稿时，贫困地区产业就业发展处于起步阶段，就业稳定性和保障性不足、产业发展层次较低、内生发展能力较差等成为产业就业发展的主要制约。

1. 外出务工就业稳定性较差

外出务工仍是当前社区移民主要的就业方式。受就业环境和农民工自身条件制约，农民工外出务工就业的稳定性较差。2020 年的新冠疫情更是对农民工外出务工产生很大影响。国家统计局发布的《2020 年国民经济和社会发展统计公报》显示：全年农民工总量 28 560 万人，比上年减少 517 万人，下降 1.8%；本地农民工 11 601 万人，下降 0.4%；外出农民工 16 959 万人，下降 2.7%[①]。面临全球经济下行、新冠疫情、产业转型等带来的不确定性，急需更加稳定的务工渠道来保障农民工的生计安全。

在 Y 区产业就业扶贫政策的支持下，兜底产业和社区平台吸纳了不少社区贫困劳动力，社区移民就业稳定性大幅提升。相比之下，外出务工的机会和收入容易受外界社会经济环境影响，务工就业不稳定性有所增加（案例 5－1）。此外，随着社区常住人口的增加，部分搬迁移民选择返乡就近务工，但当地产业就业发展较为落后，满足不了外出务工群体返乡回流的就业需求，一定程度上也制约了就近务工的稳定性。对社区移民来说，生计的主要来源仍是外出务工，如何保障外出务工就业的稳定性和可持续性是今后保障搬迁移民生计安全的重点。

案例 5－1：

就业的可持续性方面，香菇种植产业，能够稳定带动年龄较大劳动力就业，同时通过香菇产业全产业链的布局，拓展吸收年轻劳动力的

① 澎湃新闻．调查报告|疫情下的流动工人：生活工作与日常经验［EB/OL］．（2021－02－06）［2021－02－27］．https：//www.163.com/dy/article/G25URTB70514R9P4.html.

进入；袜业产业，能够为有意愿在家门口参加规范化工厂化就业的年轻劳动力提供就业舞台；农贸市场、临时交易市场的配建，为自由创业人员提供了舞台与空间；物业岗位、社区自治服务岗位的开发，为有志于参与社区共建共享的居民提供了就业舞台。目前，这几类就业的稳定性及可持续性均较为稳定。但是，外出务工群体的就业稳定性和可持续性有待商榷，应该予以特别关注。此外，促进外出务工群体返乡回流，需要更多样性的产业就业方式和岗位。

（资料来源：社区内部资料）

2. 扶贫产业发展层次较低

党的十九大以来，我国把乡村振兴战略提升到治国理政高度，以实现包含产业振兴在内的全面振兴为“三农”发展目标。产业发展是实现农村可持续发展的关键因素，脱贫地区扶贫产业发展层次较低、可持续性较差。产业扶贫处于产业振兴的初级阶段，其发展目标在于为农户提供收入来源。乡村振兴阶段，要大力推进产业体系现代化、生产体系现代化、经营体系现代化，实现产业扶贫向产业振兴发展。

截至本书成稿时，Y区扶贫产业发展仍处于起步阶段，产业链不长，吸纳劳动力数量不足。在案例社区，B公司袜厂如果全部投产可吸纳1 500人就业，目前务工人数只达到三分之一，其吸纳劳动力能力仍需提升。此外，Y区和安置社区的产业配套设施还不够完善，无法满足搬迁移民日益增长的产业就业发展需求。安置社区商业网点、农贸市场摊位以及香菇生产基地的大棚供不应求，部分商铺建设标准较低，亟须增加和升级社区产业就业配套设施（案例5-2）。

案例5-2：

商贸服务业配套还不够。数量有限的商业网点、农贸市场摊位及临时商贸市场商铺，吸引了大量有意愿从事“四小”产业的居民参与，出现了供不应求的现象；已有的商业铺面，或较为分散，或标准偏低，集约化、标准化程度不高，导致商户经营压力较大，难以充分激活社区内消费市场。

（资料来源：社区内部资料）

（二）弱势群体生计融入难

社会公平理论认为，虽然由于先天条件和个人能力的不同，会呈现不一样的发展水平，但是不能因此而剥夺个体寻求公平发展的机会（高聪颖等，2016）。易地扶贫搬迁实践旨在通过生产空间的重置，给予个体更加公平的发展机会。但在搬迁后，同样面临这个问题。因为老弱病残群体是贫困群体中的弱势群体，他们的生计适应和社会适应难度更大，需要政府和社区的更多关注。Q安置社区居民为贫困群众，大多受教育程度低，以前主要以传统种养业为主要收入来源，普遍缺技术、缺劳力，就业不稳定、收入水平低。据了解，搬迁移民中有2 983位老年人，精神障碍患者、大慢病对象和残疾人合计1 664人，精神障碍患者、残疾人、低保对象、大慢病对象、退役军人等5类特殊群体合计5 359人。总体而言，社区弱势群体超过三分之一，以老年群体和残障群体为主。持续巩固脱贫成果，切实保障弱势群体生产生活和针对性服务，关系着社区乃至全区的和谐稳定。两大兜底产业吸纳弱势群体的能力有限，后续社区养老和兜底压力较大。

1. 老年移民群体的生计融入困境

随着新型城镇化的快速推进，农村劳动力大量外流，老年贫困、孤寡、生存质量下降等一系列社会现象层出不穷，农村老年人生计脆弱性以及养老脆弱性日益凸显。

易地扶贫搬迁集中安置模式下老年移民群体生计压力更有其特殊性：一方面，无土安置模式限制了老年群体原本习惯的自给自足生活；另一方面，老年群体较难在社区链接新的社会网络，现有社区空间是一种陌生人社会，难以短时间内提供以往农村熟人社会能够提供的社会支持。家庭生计资本的匮乏是养老脆弱性的重要原因之一，人力资本、社会资本等对老年群体生计发展具有一定影响。李树茁等（2017）认为，一方面，人力资本劣势积累到老年时期，老年群体更容易陷入经济困难；另一方面，对农村老年人而言，社会网络更局限于家庭内部，拥有除家庭以外社会网络的比例极低，社会网络的单一性和依赖性意味着社会资本的匮乏。新的社区环境对于老年群体来说较为陌生，老年群体更多依赖子女，一旦遇到子女不孝顺或者子女经常不在身边的情况，由于现有的社会支持与社会保障提供的支持作用有限，老年移民群体生计发展的脆弱性特征会逐渐表现出来，最终导致养老困境的出现（案例5－3）。在案例社区，搬迁移民生计主要以青壮年外出务工为主，不少老年人留守在家。随着安置社区老龄化现象加剧，老年移民群体社会空间挤压也随之增加。目前，安置社区内依赖政府救济的老弱病残群体较多，搬迁后他们原有的社会关系网络被削弱，生计能力也难以提升，后续生计压力和返贫致贫风险较大。

案例5－3：

有的家里只有老人搬到社区，原先老人还有自理能力能照顾自己，后来摔了一跤，每天自己做饭都成问题。他们子女跑来社区，说自己顾不来老人，想让社区帮忙。说实话社区里这种情况不少，完全依靠社区不现实，社区能够提供的只能是工作人员平时多去看看，真正去照顾家里老人还是得靠家庭支持。我们这边有个福利院，但只有“五保”户才能住，一般家庭的老人不符合政策要求住不了。现在还强点，以后几年社区养老压力只会越来越大。

（访谈记录：SQ20201116F7）

2. 残障移民群体的生计融入困境

在精准扶贫精准脱贫的顶层政策设计下，残障群体基本摆脱了绝对贫困，但仍有一定的返贫风险且可能长期处于相对贫困中。相对贫困意味着他们能够解决基本生存问题，但是难以保证残障群体不会再次陷入贫困，且相对贫困更具有动态变化性，识别更加困难，贫困归因更加复杂。

安置社区有精神障碍患者、大病对象和残疾人合计 1 664 人。其中，精神障碍患者 127 人，残疾人对象 1 137 人。对于这些弱劳动力或者完全无劳动力群体来说，只有少部分能够自力更生，大多数还是靠“五保”、低保等政策兜底。残障群体因其生理功能方面障碍导致丧失或者部分丧失劳动能力，部分有残疾人口的家庭还需要劳动力照顾残疾者；残障群体还有医疗、康复、护理、辅助器具等需求。这些因素既增加了家庭的经济负担，也使得家庭成员的社会劳动时间相应减少，整个家庭陷入负担增加和收入减少的双重困境（案例 5 - 4)。笔者在入户时，遇到过一种情况，由于其家中精神障碍患者日常行为较不稳定，最终家里决定还是把他安置在老家，由亲戚和熟人照料。对社区管理者而言，不仅要花费大量精力监测残障家庭的生产生活动态以防其返贫致贫，还面临社区治安方面的兜底压力。

案例 5 - 4:

一方面，残障人士大多无法工作，家里还要有专人照顾他们，等于至少两个人都不算劳动力，那这个家就很容易贫困；另一方面，社区集中了 19 个乡镇村民，低保人员、残疾人、大慢病对象、精神障碍患者等特殊人群人数众多，占比超过三分之一，我们认为对特殊群体的保障水平和质量是 Q 安置社区底线工作的关键。

（访谈记录：SQ20201111M2)

（三）脱贫主体内生能力不足

贫困群体摆脱贫困的能力在很大程度上取决于能否获得生计资本和是否参与有助于实现积极生计成果的活动。脱贫攻坚背景下，相关政策设计一定程度上保障了搬迁移民生计资本和生计活动的多元化供给。但是，若搬迁移民自身缺乏内生动力和发展能力，那么，提供再多的资源和帮扶也难以巩固拓展脱贫攻坚成果。

1. 内生动力较为不足

在脱贫攻坚语境下，贫困群体内生动力至少包含主体性、主动性和发展性等层面的涵义。其中，脱贫主体性是指贫困群体不仅是扶贫的对象，更是脱贫的主体之一。脱贫主动性是指贫困群体积极主动摆脱贫困，提高生活水平的倾向和状态。发展性主要有两方面的含义：一方面，贫困群体脱贫内生动力的形成需要久久为功；另一方面，随着绝对贫困的消灭和基本生活水平的提升，贫困群体的生产生活需求也在不断提升。

目前，案例社区内部少部分群体依然有“等靠要”思想，其生产发展主体性和主动性较差，自主脱贫意识形成较难（案例 5 - 5、案例 5 - 6）。尽管社区“等靠要”群体占少数，但大量基层工作人员的精力却耗费在他们身上，这对搬迁移民生计可持续发展极为不利。外生型的“扶”只能帮助贫困群体脱离眼前的生活困境，而持久的幸福生活仍要依靠其自身劳动，即内生动力的推动。当然，贫困群体内生动力不足是由多方面的原因造成的，不能简单归因于个体。胡江霞等（2020）研究三峡库区农村移民可持续生计发展时发现，由于历史原因，农村移民接受文化教育的程度普遍偏低、非农技术缺乏，且对国家的依赖性较强、期望值较高。易地扶贫搬迁移民也面临类似的发展困境，如何在人力资本不足的情况下激发其内生动力是亟须思考的问题。

案例 5 - 5：

农户素质低，不好管。老百姓每天都有矛盾，有些是很小的问题，他们自己都可以处理。比如有次有户香菇棚子有点问题，上个螺丝就能解决，非要找我们或者技术员来搞，总是依靠我们，没办法。

（访谈记录：SQ20201113M3）

案例 5 - 6：

这里有些人素质不是太高，不太爱护环境。你说挖地吧，我看你在挖，他在挖，为啥我不能挖，都是你看我，我看你。年轻人在外务工，想法不一样，垃圾满了我要带下去扔，不从楼上扔；我带娃子出去玩，不让他踩草皮。上一代人都是旱厕，来这水要钱，老年人就说，这都是花钱买的水啊，按一下就要两毛钱，按两下就是五毛钱，为啥不能在大马路上上厕所，每个人想法不一样。

（访谈记录：YM20201125F1）

2. 社会适应能力不足

社会适应是指个体为适应外界环境变化而调整其思想观念、行为方式的过程（冯伟林等，2016）。在易地扶贫搬迁实践中，搬迁移民离开原居住地进入新的环境，其价值观念、行为方式、生计策略等随外部环境的变化会进行相应调整，以适应安置地的生产生活环境，这一重新适应的过程就是搬迁移民的社会适应。社会适应包含政治、经济、社会、文化和环境等多层面的适应，相应地，社会适应能力主要体现在生活适应能力、生产适应能力等方面。

目前，仍有部分搬迁群体的生活适应程度较低。搬迁后社区社会空间打破了搬迁移民习以为常的“熟人圈”，由一户一宅、鸡犬相闻、宗亲聚居的传统农村生活状态向上楼闭户、自成一统、打乱杂居的现代社区生活状态转变（案例 5－7）。目前，在案例社区，主要是年龄较大的移民群体因安土重迁情怀和劳作习惯等原因较难适应社区生活。同时，搬迁移民社区参与程度也较低，尽管 Y 区政府和社区通过组织一些文化活动加强搬迁移民参与，但文体活动形式较为单一且数量有限，无法满足脱贫群众日益增长的文化需求。

无土安置模式下，多数搬迁移民面临生计适应问题。在安置社区，目前仍有部分移民群体难以融入社区生计安排之中，其中年轻人较难适应袜业生产模式，老年人较难适应无土安置模式。截至本书成稿时，在社区袜业扶贫产业园，无论是袜业公司工厂还是扶贫车间，都有不少工位虚位以待（案例 5－8）。此外，仍有部分搬迁移民选择在迁出地务农或兼业，他们长期在迁出地和迁入地流动，较难融入社区产业就业发展。

案例 5－7：

少数群众从原“村-组-邻居”生活服务体系到“社区-网格-楼栋”生活服务体系的融入适应程度较慢，要么不出门，要么出门了回家时不习惯看路名、找楼栋号。部分群众从“自给自足”的传统生活方式到现代城镇市场化生活方式转变较慢，不习惯买粮买菜。部分群众对社区管理不适应，不习惯垃圾定点投放、按交通规则出行等，群众对社区的认同感有待提高。

（资料来源：社区内部资料）

案例 5－8：

配套建设的袜业扶贫产业园能够提供充裕的产业就业岗位，但贫困群众从传统分散农业生产向现代集约企业就业转变需要一定时间，从自由散漫的农户向规范管理的企业职工过渡需要一个过程，因此部分群众就业需求与企业用工需求上出现人岗不适或不匹配现象。袜业扶贫车间目前尚有近千台设备待开工，全部开工后至少还可提供 1 500 个就业岗位。

（资料来源：社区内部资料）

三、小结

生计结果是生计策略或目标的实现或结果。通过分析搬迁移民当前呈现的生计结果，可以理解他们的优先需求、生计安排调整原因以及制约他们实现生计目标的主要因素等。基于此，笔者从生计改善与生计风险两方面阐述搬迁移民的生计结果。简而言之，在政府、社区、企业和个体的合力推动下，搬迁移民生活生产状况逐渐改善。一方面，生计资本存量逐渐积累，主要体现在人力资本、社会资本和金融资本的提升。另一方面，生计活动呈多样化趋势，具体体现于搬迁移民总体生计活动逐渐丰富和搬迁移民家庭生计安排多元化两方面。

由于社区建立时间较短、社区移民脱贫基础薄弱，搬迁移民生计发展仍面临多重风险。产业就业发展层面，一方面，外出务工就业稳定性仍待提升，另一方面，兜底产业发展层次仍需提升。具体来说，社区以及周边产业基地的相关配套设施不够完善，急需资金扶持，且兜底产业吸纳劳动力不足且现有劳动力质量不高。弱势群体生计发展层面，生计风险主要体现为社区老年群体和残障群体生计融入难。目前，两大兜底产业吸纳弱势群体的能力有限，后续社区养老和兜底压力较大。对老年移民群体而言，生计方式本来就比较单一，搬迁后没有赖以为生的土地，没有熟悉的左邻右舍，甚至子女可能经常不在身边。因此，部分老年移民群体开始了“两头跑”的生活，农忙时回老家，农闲时住社区。此外，中国社会普遍面临养老压力，对安置社区来说养老压力只会加大。但安置社区暂时无力改变养老困境，家庭养老仍是主要的方式。残障群体的生计主要依赖政策兜底和家庭支持，面临较大的返贫致贫风险，需要安置社区干部重点关注。搬迁移民内生发展能力层面，生计风险主要体现为内生发展动力不足和社会适应能力较差。在国家政策大力扶持下，贫困群体摆脱贫困的能力在很大程度上取决于是否有勤劳致富的意识和行动。尽管现在已消除了绝对贫困，但搬迁移民仍是特殊的脱贫主体。对于搬迁移民来说，发展动力和适应能力的不足是生计转型过程中的拦路虎。因此，易地扶贫搬迁后续发展阶段，应基于以上生计风险分析，对搬迁移民实施针对性强的帮扶措施。

第六章 结论与讨论

一、研究结论

易地扶贫搬迁移民可持续生计框架下，本研究基于逻辑关系对搬迁移民的生计起点、生计策略、生计安排以及生计结果进行了归纳总结。研究发现，当地生计政策的规划和落地以生计资本为核心，有效促进了搬迁移民的生计发展，奠定了生计可持续发展的基础。其中，对生计发展起到关键作用的是人力资本、社会资本以及金融资本。在生计资本的积累及其多样化形成中，搬迁移民形成了自身的家庭生计策略，进而调整生计安排。截至本书成稿时，案例社区移民全部实现脱贫，搬迁移民生计状况相较于搬迁初始有所改善。此外，社区的“硬件”和“软件”也得到了充分发展，一方面在新型城镇化推进下，社区基础设施和公共设施建设水平向城市社区靠拢，大幅度提升了搬迁移民的物质资本；另一方面，社区的公共服务和生计引导发挥了目前一些城市社区都有所欠缺的服务功能，极大程度地方便了搬迁移民的生产生活，促进了他们的生计发展和社会融入。受制于当地山区资源与劳动力素质的贫瘠与不足，搬迁移民生计发展仍面临一些挑战，主要是产业就业的稳定性及发展层次、弱势群体生计发展空间以及脱贫群体内生能力方面的发展不足。迈入乡村振兴阶段，易地扶贫搬迁后续扶持须继续强化以生计资本为核心的政策供给，促进生计资本和生计策略多样化发展，推进产业扶贫向产业振兴转变，从而实现搬迁移民群体的安居乐业以及当地区域经济社会发展的良性循环。从案例社区移民生计起点、生计策略、生计安排和生计结果方面概括研究发现，进而得出研究结论，具体如下。

首先，搬迁移民生计起点表现为生计资本分布和可利用的政策资源，其中以资本为核心的政策资源供给奠定了后续生计发展的基础。搬迁后，社区移民生计资本分布呈自然资本降低、物质资本提升、人力资本持续匮乏、社会资本流失、金融资本相对提升的基本特征。在脱贫攻坚背景下，搬迁移民可利用的政策资源主要来自当地易地扶贫搬迁政策、产业扶贫政策以及社区生计安排。可持续生计理论框架着重强调了生计发展中的制度因素，当地生计政策规划以资本为核心，影响着生计资本组合的方式以及生计策略的类型。当地生计政策重视生计资本和生计活动的多样化提供，以及生计发展的可持续性。生计资本多样化提供方面，易地扶贫搬迁政策规划初期比较重视物质资本和金融资本的提供，后续扶持阶段更加重视生计资本的多样化扶持；产业扶贫政策设计聚焦外出务工经济以及两大兜底产业的发展，重视人力资本的开发、社会资本链接和金融资本扶持；社区生计规划内嵌于区域扶贫政策，为移民提供了较好的自然资本、物质资本和社会资本基础。生计活动多样化提供方面，在区域扶贫政策背景下，社区通过强化社区治理、社区生计规划以及党建引领，保障了社区生产生活基本秩序和产业就业有序发展，为移民提供了生计多样化选择。此外，产业规划设计和政策推进过程中的组织建设中的可持续发展理念奠定了移民生计可持续发展的基础。从产业规划的主要内容及发展方向来看，Y 区因地制宜选择兜底产业，重视产业的绿色发展，推进产业可持续发展。移民社区生计政策内嵌于 Y 区产业扶贫政策和产业振兴规划，具有一定的可持续发展潜力。从政策实施中的组织建设层面来说，当地成立产业发展专班、引进龙头企业，一定程度上推进了生计政策落地落实落细，保障了移民生计发展的持续推进。

其次，搬迁移民生计策略重在提升人力资本建设、社会资本建设和金融资本建设。在政策落地过程中，生计资产建设有效推进了生计策略形成，从而助推了生计的可持续发展。在案例社区的扶贫实践中，主要是人力资本、社会资本、金融资本的积累发展以及生计资本的多样化推动着搬迁移民生计策略的形成。当然，自然资本和物质资本也在搬迁移民生计发展中发挥着重要作用，其中自然资本条件赋予了当地发展香菇产业现代化的先天条件，物质资本的提升奠定了搬迁移民生计发展和当地产业发展的基础。搬迁后，在社区移民的生计策略形成过程中，主要是人力资本、社会资本和金融资本发挥了重要作用。其中人力资本建设主要体现在搬迁移民生产技能、适应能力、资源利用能力以及治理能力的提升，社会资本建设主要体现在劳务互助、信息互助以及现金互助方面，金融资本建设主要体现在小额信贷和农业保险对社区菇农的生产激励和生计保障方面。总的来说，在政策推动以及搬迁移民主体性的激发中，搬迁移民的生计策略逐渐呈现多样化趋势。

再次，搬迁移民差异化生计安排体现在对不同生计方式的选择和组合方式上，同时其生计安排在一定程度上呈二元分化趋势。社区移民差异化生计安排主要体现在对外出务工、兜底产业、家门口创业等不同生计活动类型的选择和组合方式方面。从生计活动类型来说，当前搬迁移民生计安排表现为非农型生计与农业型生计两大类，总的来说，社区移民生计安排以外出务工为主，参与兜底产业为辅。从生计活动组合方式来看，搬迁移民生计安排一定程度上呈二元分化趋势。一方面，社区部分移民家庭生计呈现单一化。一些老年群体、残障群体等难以融入兜底产业发展中，呈现出生计单一的发展状态。也有一些年轻移民群体，比如社区的单人户、两人户、三人户，由于家庭劳动力数量较少，自身生计能力有限，只能以单一的生计方式谋生。另一方面，随着社区兜底产业的发展以及社区平台就业岗位的开发，部分搬迁移民家庭的生计安排呈现多样化趋势。搬迁移民以两三代人共同搬迁的居多，一些移民家庭由于劳动力数量较多，因而家庭生计来源较为多元。当然，也有少数个体思维灵活、身兼数职，把家庭生计融入了区域产业发展和社区发展之中，很快适应了搬迁后的生产生活，走上了发展的快车道。在生计活动多样化方面，在非农就业和农业就业方面都呈现了兼业的发展趋势。在非农就业方面，部分搬迁移民家庭生计以外出务工为主，社区就近就业为辅。在农业就业方面，尽管香菇种植业的收入难以让搬迁移民“赚大钱”，但这一部分收入正成为搬迁移民家庭生计来源的重要补充。

最后，搬迁移民生计结果表现为生计改善与生计风险并存，后续发展阶段重在降低生计风险。就脱贫攻坚目标而言，现有的扶贫政策基本实现了有劳动力的搬迁移民家庭至少一个人就业，以及所有建档立卡贫困户顺利脱贫。安置社区对搬迁移民的生计干预使他们得到了发展兜底产业以及在社区就近就业的机会。虽然两大兜底产业吸纳了社区不少劳动力，但总体而言产业发展层次不高，产业链不完善。易地扶贫搬迁不是简单的人口迁移，集中安置模式下，搬迁移民面临着原有生活方式的改变，原有生产技能和生产体系的削弱，原有社会关系网络和社会组织结构的重构，剧烈变化可能会导致搬迁移民尤其是其中的低收入群体因无法适应而陷入困境。总体来说，目前安置社区移民生计风险体现在产业就业发展空间受限、弱势群体生计融入难以及脱贫主体内生发展能力不足三方面。可持续生计框架从侧面展示了生计风险产生的原因和机制。在生产生活中，脆弱性个体和家庭可能会面临着诸多生计风险，只有对生计风险因素进行充分评估和有效控制，才能减小风险带来的损失，提高个体和家庭的福利水平，从而促进生计可持续发展。易地扶贫搬迁后续发展阶段的首要目标是让搬迁移民“稳得住”，那么降低其生计风险、保障低收入群体生计安全就是第一要务。基于可持续生计框架，后续发展阶段不仅要从生计资本角度加强搬迁移民生计资产建设，也要从生计风险角度加强搬迁移民生计风险识别、生计风险评估和生计风险治理，以此保障搬迁移民生计安全。

二、讨论

在脱贫攻坚时期，我国易地扶贫搬迁工程实现了近 1 000 万人的空间置换。进入乡村振兴阶段，产业振兴、农民职业化发展以及其他关乎乡村可持续发展的问题逐渐凸显。对于易地扶贫搬迁移民来说，当地产业就业发展对于后续生计发展至关重要。脱贫攻坚期，国家对连片特困地区加大了扶持力度，在地方政府的有力领导下，许多特困地区脱贫发展成效良好。步入易地扶贫搬迁“稳得住”阶段，针对易地扶贫搬迁移民后续生计发展问题，笔者就案例社区发展模式的可推广性、搬迁移民生计发展的差异性以及文化资本积累的重要性等问题，展开了一些思考和探索。

（一）案例社区移民生计发展模式是否能够推广复制?

从易地扶贫搬迁实践而言，案例社区生计发展模式是一种依托于区域扶贫产业就业发展的综合发展模式，在搬迁移民生计适应和发展的过程中，整合了来自各方的政策扶持，以及五大生计资本如人力资本、社会资本和金融资本等的综合投入。这种发展模式有资源集中和整合的优势，有助于贫困地区整体、全方位脱贫，无疑是值得借鉴和推广，但同时也要考虑可持续性和适应范围等问题。一方面，以安置社区为小范围扶贫单位，集中输入各种资源和帮扶，有利于社区移民群体的全方位脱贫；但也要考虑到，一旦停止或减少资源输入，这种扶贫模式何以为继。此外，如何保障这种模式在更大范围地域上的兼容性发展也是值得关注的问题。

Y区以兜底产业发展吸纳全域贫困劳动力，以案例社区作为两大兜底产业的重要资源投入基地，如要真正实现全域的兜底产业向产业振兴发展，还需多方面努力：一方面需要政府提供更多资源，另一方面应鼓励龙头企业、社会组织等积极参与扶贫，并创新投资方式、生产方式和服务方式。安置社区集各种资源于一身，就目前来说，安置社区治理和生计发展模式在当地取得了较好的成效，但要在更大范围内推广这种发展模式，则需要考虑不同地区发展产业就业的基础条件，因地制宜打造当地特色并加强综合发展。地方政府在推进搬迁移民生计发展的过程中，要想实现生计发展的可持续性，需强化搬迁移民群体，特别是易返贫致贫群体的再组织化。在案例社区中，菇农互助组织以及义工协会组织是促使搬迁移民再组织化的主要载体。在后续的社区治理与产业发展过程中，需要进一步发展社区社会组织，积极扶持各类社会组织，加强其专业性和服务能力，并吸纳更多搬迁移民群体参与社会组织扶贫。此外，地方政府要激发搬迁移民群体的内生发展动力，即增强其在社区治理和产业发展中的主动性和主体性。能否实现搬迁移民稳定脱贫发展和生计可持续发展，归根到底还是在于其自身有没有脱贫发展的意愿和与之相匹配的能力。社区作为易地扶贫搬迁移民的居住空间、经济空间与社会空间，贯穿着搬迁移民群体生计适应和社会适应的过程。在社区这个平台上，要培养和挖掘本地低收入群体的反贫困能力和自组织能力，吸引具有更高知识水平的流动人员和返乡人员，提升社区内外部的社会资本资源，如此方能真正实现区域产业的振兴发展和搬迁移民生计发展的可持续性。

目前，国家已经出台相关后续扶持政策，对已脱贫的县，设置五年的过渡期，保障政策总体稳定，同时设立一批国家乡村振兴重点帮扶县，集中予以支持。过渡期内，资金扶持规模将保持总体稳定。据了解，2021年中央财政专门设立乡村振兴补助资金 1 561 亿元，与 2020 年相比增加100 亿元①。国家宏观政策设计意向表明，后续会加大易地扶贫搬迁后续扶持力度。一方面，加强社区建设，完善搬迁安置社区的基础设施和公共服务体系，帮助搬迁贫困群众尽快融入新生活。另一方面，提高生计发展可持续性。针对不同类型家庭的具体需求，开展技能培训、劳务协作、扶贫车间等就业帮扶措施，进一步加强就业稳定性。同时，加快安置点产业培育和发展，利用现有资源，引进有实力的龙头企业和经营主体，配套建设有市场前景的产业项目，使发展可持续，使搬迁群众从产业发展中获得稳定收益。目前，湖北省已针对易地扶贫搬迁万人以上安置点出台后续扶持政策，聚焦安置点产业就业、社区管理、社会融入等发展问题，加强资金投入和部门联动，力争把社区建成共建共享的幸福家园。生计的可持续发展重在加强脱贫群体主体性意识、推进区域产业现代化发展，需要持之以恒、久久为功。从当前这个时间节点来看，案例社区作为大型集中安置社区，在国家资源大力投入和当地政府的高位推进下，其生计发展模式有一定的可持续性和推广性。

---

① 中华人民共和国财政部．助力脱贫攻坚成果与乡村振兴有效衔接：今年中央财政将安排衔接资金 1 561 亿元［EB/OL］．（2021－04－01）［2021－04－15］．http：//www.mof.gov.cn/zhengwuxinxi/caijingshidian/jjrb/202104/t20210401_3679713.htm.

（二）易地扶贫搬迁移民生计发展的差异性原则

目前，案例社区移民群体全部实现脱贫，搬迁移民生计发展从宏观层面表现为以外出务工、兜底产业、就近就业和兜底保障为主。在微观层面，脱贫群体的差异性特质以及家庭生计发展的复杂性、多元性对生计资产建设和生计策略形成有着重要影响。差异性首先体现为个体的异质性，例如，需要抚养众多子女的父母必须至少有一人外出务工才能支持教育和生活开支；独居的失能高龄老人可能更加需要陪伴和照料；留守妇女更需要时间自由的就近工作，方便接送小孩和做家务；低收入家庭的学龄前孩子可能更需要的是学业上的指导等。

生计发展的差异性还体现在搬迁移民家庭的生命周期上。搬迁移民家庭在不同的生命周期阶段，会产生不同的需求，家庭也会形成相应的生计策略。根据生命历程理论，个人或家庭会经历一些特定的历史时间、社会时间和家庭时间等因素而建构的关键事件。易地扶贫搬迁背景下，搬迁初期移民对生活生产的不适应可能会给家庭带来危机。对于易地扶贫搬迁移民家庭，应在搬迁初期或者头几年积极开展反贫困干预。具体来说，应结合不同搬迁移民家庭特点展开针对性帮扶。目前的社会保障制度仅只是针对弱势群体或遭遇特殊困难的家庭，“事后补助型”政策较多。对于安置社区的弱势群体，应加强“预防性保障”，预测并减少其生计风险，减缓并阻止其陷入贫困的恶性循环。

此外，针对搬迁移民生计发展的差异化需求，应开展差异化资产建设帮扶行动。一些地方的扶贫实践表明，就业培训沦为虚设，没有起到实质效果。究其根本，脱贫主体的受教育程度和文化素质较低，导致人力资本的后天积累变得非常艰难。因此，对弱势群体而言，提升人力资本要分两步走。一是针对受教育程度较低的家庭主要劳动力，安排其到适宜其能力发挥的产业中去，在产业扶贫中强化其发展机会的扩展与发展能力的提高。就如案例社区，当地有散户种植香菇的基础，加上技术指导人员的帮助，农户种植香菇可以较快上手。二是对于仍在学龄阶段的潜在劳动力，应不遗余力地加强教育帮扶。聚焦深度贫困地区和易返贫致贫家庭，力求保障每个家庭至少一人接受高职以上教育，力争为每一个新脱贫家庭培养出一个大学生或高等职业技术人员。除了人力资本，金融资本建设也是很重要的一环。目前案例社区的金融扶贫的确起到了很大的促进产业就业持续发展作用，但从长远来看，发展家庭金融资本账户，促进脱贫群体自身金融资本管理能力提升更具有可持续发展潜力。后续可借鉴日本、新加坡等地的弱势群体金融资本建设案例，加强社会工作组织等专业力量介入，以大型安置点为主要试点单位，培育发展易地扶贫搬迁移民群体的金融资本管理能力。

总体来说，案例社区移民生计发展的异质性体现在同一时期内不同家庭和家庭内部不同成员的发展需求上，也体现在家庭不同生命周期上。与一般社区相比，案例社区的弱势群体较多，养老压力和兜底压力更大，更需要针对个体和家庭生计的差异性需求开展相应的帮扶。后续，社区作为搬迁移民生计发展和社会交往的平台，需要着重营造社区公共空间，提升社区内部社会空间链接，营造邻里互帮互助氛围，推进社会力量参与搬迁移民的生计发展和社会交往，促进移民群体生计发展的多样化和可持续。

（三）文化资本对易地扶贫搬迁移民生计发展的作用

文化资本包括有形的文化载体和无形的文化元素。本研究虽然没有具体分析文化资本对生计发展的作用，但在调研过程中笔者观察到了在传统文化、价值观以及生活态度等影响下，个体和家庭生活轨迹和生计行动不同。文化和传统价值观，如习俗和精神信仰，可以增强人们对外部生计脆弱性的适应能力，并帮助他们采取新的生计活动，提高他们的生活水平。Li 等（2020）以三峡库区 26 个县（市）的 796 户农户为样本构建小农可持续生计框架，研究结果表明，心理资本能有效地促进人力资本和物质资本的绩效，对可持续生计有显著的直接和间接影响。中国人素来有安土重迁的文化特征，尤其在搬迁后，如果搬迁移民的文化感知和心理健康问题得不到社会关怀，很容易埋下社会安全隐患。

在案例社区，其文化资本培育方式主要是开展文艺活动、加强生活安全宣传和脱贫案例宣传。据了解，案例社区每年组织开展元旦文艺汇演，以网格为单位，引导搬迁移民参与演出，吸引两千多名社区居民现场观看；组织开展"我脱贫、我光荣"主题演讲比赛，弘扬脱贫光荣、懒惰可耻的社区新风；组织开展"我劳动、我光荣，我的勤劳致富故事"主题作品征集大赛，收到作品 100 多幅。在社区引导下，搬迁移民的文化生活开展正从政府主导向自发参与转变。此外，社区多次组织开展电影下乡活动、大型劳动技能培训，以及各种关爱留守儿童、留守老人的志愿活动。但总体来说，案例社区尚处于集中精力满足基本保障需求阶段，还无法深入挖掘培养乡土文化人才，社区文化资本培育还有待加强。

案例社区移民来自 Y 区乡镇，其文化基础和风俗习惯是较为一致的，因此搬迁后文化资本因素并不会对搬迁移民生产生活发展造成很大干扰。易地扶贫搬迁集中安置模式有多种形式，如村内就近安置、县内集中安置、产业园集中安置、旅游园区集中安置等。其中，对于旅游园区集中安置点和少数民族集中安置点来说，文化资本的作用会更凸显，传统文化的保留和发展显得至关重要。对他们而言，传统文化不仅是一种文化底蕴，还能够产生经济效益，帮助维持家庭生计。因此，易地扶贫搬迁后续发展阶段要注重传统文化的传承。目前国内相关文献主要是围绕移民社区空间的物理性、经济性、社会性、文化性展开，并没有重点关注搬迁移民文化资本重建问题（史诗悦，2021）。易地扶贫搬迁对改善农村贫困群体的生活质量起到了重要作用，但在一定程度上造成了搬迁者个体心理意义上的社会经济转型（张新文，2011）。随着易地扶贫搬迁移民生活重心的转移，后续相关研究应重点围绕易地扶贫搬迁移民群体的心理健康、文化适应、社会融入等问题展开。

三、政策建议

脱贫攻坚以来，易地扶贫搬迁以村内就近集中安置和城镇化集中安置为主，国家权力主导下的社区空间再造为移民重构了生计空间和社会空间。城镇化集中安置模式下，以血缘和地缘为基础的乡村共同体逐渐瓦解，以土地为生的生计模式逐渐消失，移民的生计发展、就业保障、技能提升以及社会融入、心理融入成为后续发展阶段的重点和难点（邹英等，2017）。易地扶贫搬迁以集中安置为主，后续发展阶段应重视顶层设计理念、社区组织化建设以及贫困群体主体性对贫困治理及生计发展的重要性，在个体与社区的协调发展中实现移民的稳定脱贫和生计可持续发展。

（一）强化顶层设计，推进搬迁移民生计资产建设

易地扶贫搬迁后续扶持阶段，产业就业方面的政策扶持对搬迁移民生计发展至关重要。步入全面推进乡村振兴阶段，产业兴旺是解决农村一切问题的前提。对移民社区而言，社区产业就业发展要以生计资产建设为核心，紧紧围绕以外出务工、兜底产业和社区就近就业为主的发展方面构建社区特色产业就业体系，实现产业发展目标由产业扶贫向产业振兴转变。

首先，在政策设计理念层面，要加强资产建设理论指引并实施差异化生计策略政策支持。一方面，加强政策设计中的资产建设理念。将促进脱贫主体资本积累与资本再创造的理念植入相关政策中，同时依照不同地区、文化、经济条件以及群体贫困程度划分资产建设重点，以“以大带小”、“动态调整”为原则，建立长效联动机制，为资产建设指标体系的全面实现提供条件，为扶持对象的动态管理和及时纳入与退出提供保障。另一方面，实施差异化的生计策略政策支持。针对非农业就业群体，加强劳动力转移以及就业培训，增加其人力资本积累，拓宽其收入来源；针对农业就业群体，继续实施惠农政策，增强农业发展可持续性；针对兼业群体，加强经营模式和生计策略方面的引导。

其次，在资产建设主要内容层面，要加强生计资本的多样化供给并优化生计资本结构，促进职业类型向现代化职业农民、产业工人转变。一是

加强人力资本建设。人力资本是搬迁移民实现可持续生计的核心生计资本，人力资本的增值对搬迁移民可持续生计具有重要意义。坚持以人为本的原则，构建人力资本增值体系，要从完善社会保障体系、提高教育水平、改变传统生计观念及完善就业服务体系等方面着手。一方面，通过专业技术培训，引导搬迁移民掌握更多的实用技术，进而改变生产技术单一、经营方式单一的局面，实现经营多元化或者多样化。此外，通过教育帮扶、兜底帮扶等方式，进一步增强搬迁移民群体的人力资源开发和基本生活保障。另一方面，鼓励支持外出务工。外出务工是增加收入的重要方式，有助于脱贫群体积累资金、技术、知识和经验，选择更积极的生计策略，并奠定其回乡创业发展的基础。二是加强社会资本建设。搬迁移民的社会关系网络建立在生计活动之上，是支持其生计实践的所有社会关系的集合。在完善搬迁移民社会关系网络中，应从安置社区内部搬迁移民的关系网络和外部社会力量的社会网络入手，鼓励搬迁移民积极参与各种正式或非正式组织，拓展和积累自身的社会资本。三是加强金融资本建设。金融资本对于搬迁移民的产业发展和生活兜底至关重要，构建以政府为主导、金融机构有效支持、农户积极参与的金融资本增值体系，能够有效保障搬迁移民的生产生活安全，进而实现生计可持续。四是加强物质资本建设。现有基础设施和生产设施主要是保基本，随着两大兜底产业中产品和技术的更新以及产业链的延长，交通成本需要进一步降低，生产设施需要进一步改造提升。五是自然资本建设。现有生态环境适宜香菇种植，为了香菇产业的可持续发展，当地应把森林资源、水资源的保护放在首位。此外，加强自然资本的多样化利用。通过发展生态旅游、康养结合等模式，丰富森林资源、水资源的利用方式的同时增加搬迁移民的收入。五是优化搬迁移民生计资本结构，使生计资本组合能够最大程度发挥作用。如针对香菇种植户，应加大人力资本、金融资本和社会资本的投入；针对外出务工群体，应加强人力资本和社会资本扶持；针对在社区发展“四小产业”的搬迁移民，应着重提升金融资本和物质资本存量。

最后，在产业就业发展方向层面，应坚持“1＋2＋N”产业就业体系。在当前产业就业发展的基础上，重点将菇业前端科研和后端加工销售产业、袜业前端袜机制造及丝线纺织和后端销售产业继续做大，形成守护生态链、延长产业链、提升价值链的优质菇业、袜业发展格局。同时产业发展目标由产业扶贫向产业振兴转变。产业振兴关键是要发展产业集群，实现产业规模经营，促成各具特色的产品集群。政府层面，应积极引导农民流转土地，加大对本地生态农产品的宣传力度，大力发展电商扶贫，加强龙头企业扶持。安置社区层面，应积极发展新型农业经营主体，建立发展具有当地特色的农产品商品基地，加强其规模化、市场化和品牌化的专业化生产。此外，积极引导龙头企业、专业合作社及农户，形成促进产业发展的利益联结机制，提升安置社区集体经济质量。

（二）加强社区组织化建设，促进搬迁移民生计融入

集中安置模式下，社区成为搬迁移民生产生活的重要平台。脱贫攻坚期，案例社区党组织起到了良好的引领带动作用，社区社会组织也为搬迁移民的生产生活起到了重要的支持作用。针对现存的一些生计困难家庭，应加强社区组织的扶持，鼓励搬迁移民参与社区社会组织，在社区融入中发展家庭生计、实现稳定脱贫。后续扶持阶段，应通过强化社区组织化建设，加强社区社会关系网络关联，为搬迁移民提供更多的社会资本支持，促进他们的生计融入与生计发展。

首先，强化社区党组织建设。一方面，要强化社区基层队伍建设。政策落实需要依靠社区基层党组织的引领带动。社区面临较大的治理压力和兜底压力，基层管理队伍人员和资金投入相对而言仍显不足。后续要继续建强社区干部队伍，配优群团组织，团结党员群众，力争在搬迁移民中培养出优秀社区管理工作者。另一方面，要加强网格化治理并着重推进资产建设。因地制宜地根据搬迁移民的不同需求制定不同的资本配置方案，落实政策实施与相关资本的投资与发展渠道，为搬迁移民的资本再创造提供物质基础。此外，在遵循资本组合的系统性与配套性的前提下，引导搬迁移民调整资本的组合方式，帮助他们形成更有利于收入稳定增长的家庭生

计策略。

其次，强化社区社会组织建设。从案例社区菇农互助组织的成立发展、社会工作组织在社区的引入发展情况来看，社会组织能够提高生产效率、提供情感支持。在全面推进乡村振兴背景下，应结合国家基层社会治理的现实任务，探索安置社区社会组织发展的路径和模式。具体来说，首先是要加强整合社区资源。开展社区调查，深度挖掘社区内外部资源，为社区发展提供可持续动力。一方面，向外争取政府为社区赋能提供的公共服务和财政资金。另一方面，向内加强利用社区的产业、环境、生态、文化、组织、公共空间资源，以及挖掘社区内部的能人等。在此基础上，引导社区自组织的创设，着重培育社区自组织带头人，对其给予资金、资源、组织、培训等多方面的支持。其次，完善搬迁移民家庭的初级群体支持网络。初级群体建立的基础是感情，群体间的互动与交流能够满足人们的经济和精神上的需求。通过初级群体网络的完善，使社区移民形成更为亲密有序的网络联系，从而帮助更多贫困边缘的家庭走出困境。最后，加强社会组织的引入与发展。社区社会组织要加强对弱势群体的重视和管理，建立特殊家庭的档案资料，及时了解他们的生活状况和需求，并进行针对性的帮扶。后续要为现有社会组织提供更多资源支持，加快社会组织在社区的发展与融入。

最后，强化社区集体经济组织建设。社区股份合作社组织作为新型集体经济组织形式，在盘活社区资源中发挥着重要作用，逐渐成为一些安置社区稳定脱贫的关键举措。截至本书成稿时，中西部安置社区集体经济组织还处于初步发展阶段，不少安置社区集体经济分红仅限于贫困户且分红金额较少。从案例社区情况来看，社区集体经济比较薄弱。社区集体经济的收入主要来源于社区商铺租金的80%，实际用于社区日常管理服务。搬迁移民的集体经济分红来源于迁出地的村集体经济组织，在安置社区暂时没有分红收入。后续，应尝试建立安置社区集体经济分红机制，加强社区、企业与搬迁移民的利益联结，为搬迁移民提供更多收入来源的同时降低监测户、边缘户等低收入群体的生计风险。

（三）培育内生发展主体性，加强搬迁移民能力建设

生计是一个复杂的系统，包括环境、经济、社会、文化和制度多方面的维度，并推动着个体与地理环境之间关系的演变。搬迁移民生计的可持续与脱贫攻坚的目标与结果是统一的。只有脱贫主体从思想根源上斩断“穷根”，积极主动寻求提升自我能力的机会，加强能力建设，增加资本积累，方能真正实现可持续的脱贫发展。党的十九大报告指出，要注重扶贫同扶志、扶智相结合。这对各级政府扶贫工作提出新的要求，在易地扶贫搬迁语境下，要培育搬迁移民内生发展主体性，加强其能力建设，全面提升搬迁移民的生计能力。

首先，要强化搬迁移民群体自我发展意识。脱贫主体的自我发展能力以自我发展意识为基础。一是积极实施政策激励。对搬迁移民在脱贫和生计发展过程中的积极努力进行适当奖励，帮助他们树立自我发展意识。同时，大力宣传先进脱贫典型，特别是身边脱贫户积极进取的脱贫事迹，进一步激发内生动力，凝聚社区归属感和认同感。二是增强集体意识。通过完善村规民约、加强社区组织建设与公共空间建设等方式，引导文明生活习惯，促使搬迁移民更快融入社区生产生活。进入全面推进乡村振兴阶段，更应鼓励搬迁移民参与各种社区活动和乡村振兴项目，在集体活动中树立自我发展的信心。三是增加产业就业机会。帮扶主体应采取组织大型招聘会、企业试工、劳务输出等引导措施，为搬迁移民外出务工提供便利。外出务工收入是目前搬迁移民家庭的主要生计来源，保障外出务工的稳定性才能更好地激发搬迁移民群体的内生发展动力。

其次，要强化搬迁移民群体自我发展能力。培育内生发展动力、增加脱贫信心是一种政策激励措施，帮助脱贫主体提高自我发展能力是直接促进生计发展可持续的重要扶持方式。对脱贫主体而言，要坚持加强对搬迁移民的技能培训和政策扶持。一是加强技能培训。一方面，针对个体和家庭的发展需求，展开分类培训。比如针对年龄大的弱劳动力群体，可进行保洁、护林、护路等辅助性就业岗位的培训；对有完全劳动能力的群体，

可开展务工、种植、销售等方面的培训等。另一方面，加强教育扶贫和资本管理能力，开展金融资本建设试点，充分调动脱贫主体自身的主动性与创造性。脱贫主体依靠资本的积累进行投资，实现资本的再创造。二是加强政策扶持力度。在维持现有扶持政策不变的基础上，实施差异化产业帮扶模式，加强产业技术培训指导力度，建立健全合理的利益分配机制，加大消费助农和电商助农力度，带动搬迁移民增收发展。

参 考 文 献

阿拉坦格日乐．精准扶贫进程中内蒙古贫困牧户可持续生计研究［M］．北京：中国经济出版社，2019：173.

阿玛蒂亚·森．以自由看待发展［M］．任赜，于真，译．北京：中国人民大学出版社，2013：11－19.

白南生，卢迈．中国农村扶贫开发移民：方法和经验［J］．管理世界，2000（3）：161－169.

卜文虎．资产建设视角下边疆民族地区城市化转型社区发展研究：以丽江纳西族三村为个案［D］．昆明：云南大学，2017：30.

曹志刚，孟芳萍．社会网络对新生代女性农民工返乡婚嫁的影响研究［J］．中国青年研究，2016（9）：23－28，22.

陈坚．易地扶贫搬迁政策执行困境及对策：基于政策执行过程视角［J］．探索，2017（4）：153－158.

陈胜东，蔡静远，廖文梅．易地扶贫搬迁对农户减贫效应实证分析：基于赣南原中央苏区农户的调研［J］．农林经济管理学报，2016，15（6）：632－640.

陈瑛，杨先明．技能短缺与技能提升："一带一路"沿线国家中国企业海外雇工问题研究［M］．北京：社会科学文献出版社，2018：190.

程丹，王兆清，高富岗，等．易地扶贫搬迁背景下农户移民搬迁决策机制研究：基于成本收益理论分析框架［J］．天津农业科学，2015，21（3）：24－27.

程名望，史清华，徐剑侠．中国农村劳动力转移动因与障碍的一种解释［J］．经济研究，2006（4）：68－78.

丁士军，张银银，马志雄．被征地农户生计能力变化研究：基于可持续生计框架的改进［J］．农业经济问题，2016，37（6）：25－34，110－111.

董运来，王艳华．新时期我国易地扶贫搬迁政策的实施与评价综述［J］．安徽农业科学，2021，49（2）：8－11.

杜云素，李飞．外迁水库移民适应的现状、趋势与内在机制：基于湖北荆州和武汉移民安置点的调查［J］．人口与发展，2018，24（2）：31－42，78.

冯伟林，李树茁．人力资本还是社会资本?：移民社会适应的影响因素研究［J］．人口与发展，2016，22（4）：2－9.

冯伟林．西部地区生态移民可持续生计问题研究［M］．成都：西南交通大学出版社，2017：5.

高聪颖，吴文琦，贺东航．扶贫搬迁安置区农民可持续生计问题研究［J］．中共福建省委党校学报，2016（9）：91－97.

郭秀丽，周立华，陈勇，等．生态政策作用下农户生计资本与生计策略的关系研究：以内蒙古自治区杭锦旗为例［J］．中国农业资源与区划，2018，39（11）：34－41.

国家发展和改革委员会．全国易地扶贫搬迁年度报告：2019［M］．北京：人民出版社，2019：77－82.

何仁伟，李光勤，刘运伟，等．基于可持续生计的精准扶贫分析方法及应用研究：以四川凉山彝族自治州为例［J］．地理科学进展，2017，36（2）：182－192.

胡江霞，文传浩．三峡库区农村移民可持续生计研究［M］．北京：经济管理出版社，2020：142.

胡联，汪三贵．我国建档立卡面临精英俘获的挑战吗？［J］．管理世界，2017（1）：89－98.

黄建伟，刘文可．失地农民可持续生计政策满意度研究：基于江西省的调研数据［J］．中国行政管理，2017（11）：89－94.

黄建新．社会流动与农民工创业行为研究［M］．北京：社会科学文献出版社，2017：45.

黄宗智．华北的小农经济与社会变迁［M］．北京：中华书局，2000：65.

金太军，张振波．乡村社区治理路径研究：基于苏南、苏中、苏北的比较分析［M］．北京：北京大学出版社，2016：26.

孔令强．易地开发性移民扶贫及其效益评价指标体系［J］．学术交流，2006（7）：75－77.

黎洁．陕西安康移民搬迁农户的生计适应策略与适应力感知［J］．中国人口·资源与环境，2016，26（9）：44－52.

黎洁．陕西安康移民搬迁农户生计选择与分工分业的现状与影响因素分析：兼论陕南避灾移民搬迁农户的就地就近城镇化［J］．西安交通大学学报（社会科学版），2017，37（1）：55－63.

李博，左停．谁是贫困户？精准扶贫中精准识别的国家逻辑与乡土困境［J］．西北农林科技大学学报（社会科学版），2017，17（4）：1-7.

李明，吕潇俭．三江源国家公园建设中以草地畜牧业发展支撑牧民可持续生计路径研究［J］．农业经济，2021（4）：32-34.

李树茁，徐洁，左冬梅，等．农村老年人的生计、福祉与家庭支持政策：一个可持续生计分析框架［J］．当代经济科学，2017，39（4）：1-10，124.

李婷婷，张杏梅．宁夏生态移民居住文化适应情况调查：以宁夏红寺堡区弘德村为例［J］．山西师范大学学报（自然科学版），2018，32（3）：95-100.

廖继伟．新型农村资金互助合作社发展路径研究：以四川为例［J］．上海经济研究，2010（7）：48-54，66.

林志斌．谁搬迁了：自愿性移民扶贫项目的社会、经济和政策分析［M］．北京：社会科学文献出版社，2006：49.

刘伟，黎洁，徐洁．连片特困地区易地扶贫移民生计恢复力评估［J］．干旱区地理，2019，42（3）：673-680.

刘伟，徐洁，黎洁．易地扶贫搬迁目标农户的识别［J］．中南财经政法大学学报，2018（3）：138-148.

刘文佳，陈英．“公司＋农户”模式下农户生计资本变化测度：基于可持续生计分析框架［J］．云南农业大学学报（社会科学），2019，13（4）：97-104.

刘莹莹，梁栩凌，张一名．新生代农民工人力资本对其就业质量的影响［J］．调研世界，2018（12）：30-35.

卢海阳，李祖娴．农民工人力资本现状分析与政策建议：基于福建省1476个农民工的调查［J］．中国农村观察，2018（1）：111-126.

马良灿，陈淇淇．易地扶贫搬迁移民社区的治理关系与优化［J］．云南大学学报（社会科学版），2019，18（3）：110-117.

孟祥丹，丁宝寅．“资本下乡”后留守妇女的生计变迁及其对性别关系的影响［J］．中国农业大学学报（社会科学版），2020，37（4）：124-133.

乔纳森·特纳．社会学理论的结构：第7版［M］．邱泽奇，等，译．北京：华夏出版社，2006：260-261.

渠鲲飞，左停．协同治理下的空间再造［J］．中国农村观察，2019（2）：134-144.

申鹏．基于禀赋的新生代农民工就业行为研究［M］．北京：中国社会科学出版社，2016：99-100.

施国庆，周君璧．西部山区农民易地扶贫搬迁意愿的影响因素［J］．河海大学学报（哲学社会科学版），2018，20（2）：23－31，90.

史诗悦．易地扶贫搬迁社区的空间生产、置换与社会整合：基于宁夏固原团结村的田野调查［J］．湖北民族大学学报（哲学社会科学版），2021，39（1）：98－108.

史自力，龚文海．中国区域农村劳动力转移的动力机制：以中原经济区为样本［M］．北京：社会科学文献出版社，2013：152.

束锡红，聂君，樊晔．精准扶贫视域下宁夏生态移民生计方式变迁与多元发展［J］．宁夏社会科学，2017（5）：147－154.

苏芳．可持续生计：理论、方法与应用［M］．北京：中国社会科学出版社，2015：22－23.

唐丽霞．穷人的生计资本：特征、获得和利用［M］．北京：中国农业大学出版社，2013：51.

唐勇智．社会资本与农户经济行为［M］．北京：中国经济出版社，2013：46.

涂晶．精神扶贫与贫困移民可持续生计研究：以南水北调工程湖北省潜江市移民为例［J］．湖北农业科学，2017，56（1）：175－177.

汪三贵，殷浩栋．资产与长期贫困：基于面板数据的2SLS估计［J］．贵州社会科学，2013（9）：50－58.

王成利．社会资源和金融资源对农户收入的影响分析［J］．经济问题，2018（8）：84－89，110.

王金涛，陈琪．动员力度、心理聚合与搬迁绩效：以陇中某地易地搬迁为例［J］．中国行政管理，2016（9）：82－87.

王茂福，刘恩培，郑军．外迁移民非平衡的社会融入：结构及影响因素分析［J］．学习与实践，2021（2）：76－86.

王瑞芳，化世太．丹江口水库淅川库区远迁移民返迁与政府应对（1966—1985）［J］．湖南社会科学，2021（1）：165－172.

王西玉，崔传义，赵阳．打工与回乡：就业转变和农村发展：关于部分进城民工回乡创业的研究［J］．管理世界，2003（7）：99－109，155.

王晓毅．易地扶贫搬迁方式的转变与创新［J］．改革，2016（8）：71－73.

王晓毅，等．生态移民与精准扶贫：宁夏的实践与经验［M］．北京：社会科学文献出版社，2017：1－17.

王欣．生存交互与差异性选择：西双版纳湖南移民的文化适应与族群互动［J］．广西民族研究，2020（5）：67－76.

王永洁．劳动力市场性别差异与女性赋权：基于2016年中国城市劳动力调查数据的分析

[J]. 人口与经济，2019 (1)：95-109.

文冰，宋媛，张体伟，等. 生态移民的搬迁形式研究：云南永善县马楠乡案例分析 [J]. 生态经济，2005 (1)：27-31.

乌尔里希·贝克. 风险社会：新的现代性之路 [M]. 张文杰，何博闻，译. 南京：译林出版社，2018.

吴晓萍，刘辉武. 易地扶贫搬迁移民经济适应的影响因素：基于西南民族地区的调查 [J]. 贵州社会科学，2020 (2)：122-129.

吴新叶，牛晨光. 易地扶贫搬迁安置社区的紧张与化解 [J]. 华南农业大学学报（社会科学版），2018，17 (2)：118-127.

吴毅. 何以个案　为何叙述：对经典农村研究方法质疑的反思 [J]. 探索与争鸣，2007 (4)：22-25.

伍艳. 农户生计资本与生计策略的选择 [J]. 华南农业大学学报（社会科学版），2015，14 (2)：57-66.

向德平，陈艾. 连结生计方式与可行能力：连片特困地区减贫路径研究：以四川省甘孜藏族自治州的两个牧区村庄为个案 [J]. 江汉论坛，2013 (3)：114-119.

谢东梅. 农户生计资产量化分析方法的应用与验证：基于福建省农村最低生活保障目标家庭瞄准效率的调研数据 [J]. 技术经济，2009，28 (9)：43-49.

谢治菊. 人类认知五层级与生态移民社会适应探讨：基于 HP 村的实证调查 [J]. 吉首大学学报（社会科学版），2018，39 (3)：99-107.

邢成举. 搬迁扶贫与移民生计重塑：陕省证据 [J]. 改革，2016 (11)：65-73.

徐锡广，申鹏. 易地扶贫搬迁移民的可持续性生计研究：基于贵州省的调查分析 [J]. 贵州财经大学学报，2018 (1)：103-110.

许源源，熊瑛. 易地扶贫搬迁研究述评 [J]. 西北农林科技大学学报（社会科学版），2018，18 (3)：107-114.

严登才，施国庆，伊庆山. 水库建设对移民可持续生计的影响及重建路径 [J]. 水利发展研究，2011，11 (6)：49-53.

阎云翔. 礼物的流动 [M]. 上海：上海出版社，1999.

杨甫旺. 异地扶贫搬迁与文化适应：以云南省永仁县异地扶贫搬迁移民为例 [J]. 贵州民族研究，2008，28 (6)：127-132.

杨国涛，李佳，张晓欢. 基于家庭资产视角的六盘山片区生态移民效应分析 [J]. 干旱区资源与环境，2020，34 (2)：39-44.

杨琨，刘鹏飞．欠发达地区失地农民可持续生计影响因素分析：以兰州安宁区为例［J］．水土保持研究，2020，27（4）：342－348.

杨丽云．人类学互惠理论谱系研究［J］．广西民族研究，2003（4）：38－45.

杨彦平．社会适应心理学［M］．上海：上海社会科学院出版社，2010：9.

叶青，苏海．政策实践与资本重置：贵州易地扶贫搬迁的经验表达［J］．中国农业大学学报（社会科学版），2016，33（5）：64－70.

俞可平．全球化：全球治理［M］．北京：社会科学文献出版社，2003：6－13.

袁超，张东．流动赋权：外出务工经历与农村女性劳动力就业质量［J］．经济经纬，2021，38（1）：57－65.

曾小溪，汪三贵．易地扶贫搬迁情况分析与思考［J］．河海大学学报（哲学社会科学版），2017，19（2）：60－66，91.

詹姆斯•科尔曼．社会理论的基础（上）［M］．邓方，译．北京：社会科学文献出版社，1999：357－367.

詹姆斯•罗西瑙．没有政府的治理：世界政治中的秩序与变革［M］．张胜军，刘小林，等，译．南昌：江西人民出版社，2001：4－5.

张富富．民族地区易地扶贫搬迁老年移民社会融入的路径研究：基于贵州省十三个移民地的调查［J］．西华大学学报（哲学社会科学版），2021，40（2）：69－77.

张会萍，石铭婷．易地扶贫搬迁女性移民的社会适应研究：基于宁夏“十三五”不同安置方式的女性移民调查［J］．宁夏社会科学，2021（3）：163－178.

张昆．生态政策视阈下的边境牧民生计与适应策略：基于东乌珠穆沁旗的调查研究［J］．贵州民族研究，2020，41（10）：38－43.

张世勇．规划性社会变迁、执行压力与扶贫风险：易地扶贫搬迁政策评析［J］．云南行政学院学报，2017，19（3）：20－25.

张新文．发展型社会政策与我国农村扶贫［M］．桂林：广西师范大学出版社，2011：181.

张旭锐．生计资本对农户林地利用及收入的影响研究［D］．杨凌：西北农林科技大学，2020：114.

赵昌文，郭晓鸣．贫困地区扶贫模式：比较与选择［J］．中国农村观察，2000（6）：65－71，79.

赵双，李万莉．我国易地扶贫搬迁的困境与对策：一个文献综述［J］．社会保障研究，2018（2）：106－112.

赵文娟，杨世龙，王潇．基于 Logistic 回归模型的生计资本与生计策略研究：以云南新平县干热河谷傣族地区为例［J］．资源科学，2016，38（1）：136－143.

赵姚阳，刘斌章，李洪庆．四种典型易地扶贫搬迁模式下移民生计资本变化比较研究［J］．贵州师范大学学报（社会科学版），2020（2）：40－48.

中共中央马克思恩格斯列宁斯大林著作编译局．马克思恩格斯选集：第 2 卷［M］．北京：人民出版社，2012：100，166.

周丽，黎红梅，李培．易地扶贫搬迁农户生计资本对生计策略选择的影响：基于湖南搬迁农户的调查［J］．经济地理，2020，40（11）：167－175.

周长城，陈云．贫困：一种社会资本视野的解释［J］．学海，2003（2）：110－114.

邹英，向德平．易地扶贫搬迁贫困户市民化困境及其路径选择［J］．江苏行政学院学报，2017（2）：75－80.

Agyeman Y B，Yeboah A O，Ashie E. Protected areas and poverty reduction：The role of ecotourism livelihood in local communities in Ghana［J］．Community Development，2019，50（1）：73－91.

Apine E，Turner L M，Rodwell L D，et al. The application of the sustainable livelihood approach to small scale－fisheries：The case of mud crab Scylla serrata in South west India［J］．Ocean & Coastal Management，2019，170：17－28.

Ashley C，Carney D. Sustainable livelihoods：Lessons from early experience［M］．London：Department for International Development，1999.

Biao X，Kaijin Y. Shrimp farming in China：operating characteristics，environmental impact and perspectives［J］．Ocean & Coastal Management，2007，50（7）：538－550.

Brain K A. The impacts of mining on livelihoods in the Andes：A critical overview［J］．The Extractive Industries and Society，2017，4（2）：410－418.

Caffey R H，Kazmierczak Jr R F，Avault J W. Developing consensus indicators of sustainability for Southeastern United States aquaculture［J］．LSU AgCenter，Department of Agricultural Economics & Agribusiness Working Draft Bulletin，2000，1.

Call M，Sellers S. How does gendered vulnerability shape the adoption and impact of sustainable livelihood interventions in an era of global climate change?［J］．Environmental Research Letters，2019，14（8）：083005.

Cernea M M. Involuntary resettlement in development projects：Policy guidelines in World Bank－financed projects［M］．［S. l.］：World Bank Publications，1988.

Cernea M. The risks and reconstruction model for resettling displaced populations [J]. World development, 1997, 25 (10): 1569 - 1587.

Chambers R, Conway G. Sustainable rural livelihoods: practical concepts for the 21st century [R]. England: Institute of Development Studies, 1992.

Choy Y K. Sustainable development and the social and cultural impact of a dam - induced development strategy - the Bakun experience [J]. Pacific Affairs, 2004: 50 - 68.

Colson E. The social consequences of resettlement: The impact of the Kariba resettlement upon the Gwembe Tonga [M]. Manchester: Manchester University Press, 1971.

Daur N, Adam Y O, Pretzsch J. A historical political ecology of forest access and use in Sudan: Implications for sustainable rural livelihoods [J]. Land Use Policy, 2016, 58: 95 - 101.

DFID. Sustainable livelihood guidance sheets [M]. London: Development for International Development, 2000.

Dzanku F M. Transient rural livelihoods and poverty in Ghana [J]. Journal of Rural Studies, 2015, 40: 102 - 110.

Ellis F. A livelihoods approach to migration and poverty reduction [J]. DFID Working Paper, 2003.

Goodland R, Daly H. Environmental sustainability: universal and non - negotiable [J]. Ecological Applications, 1996, 6 (4): 1002 - 1017.

Kamwi J M, Chirwa P W C, Manda S O M, et al. Livelihoods, land use and land cover change in the Zambezi Region, Namibia [J]. Population and Environment, 2015, 37 (2): 207 - 230.

Karki S T. Do protected areas and conservation incentives contribute to sustainable livelihoods? A case study of Bardia National Park, Nepal [J]. Journal of Environmental Management, 2013, 128: 988 - 999.

Kingston D M, Marino E. Twice removed: King Islanders' experience of "community" through two relocations [J]. Human Organization, 2010: 119 - 128.

Lan X, Zhang Q, Xue H, et al. Linking sustainable livelihoods with sustainable grassland use and conservation: A case study from rural households in a semi - arid grassland area, China [J]. Land Use Policy, 2021, 101: 105186.

Li W, Shuai C, Shuai Y, et al. How Livelihood Assets Contribute to Sustainable Development of Smallholder Farmers [J]. Journal of International Development, 2020, 32 (3):

408 - 429.

Liu Y, Huang C, Wang Q, et al. Assessment of sustainable livelihood and geographic detection of settlement sites in ethnically contiguous poverty - stricken areas in the Aba Prefecture, China [J]. ISPRS International Journal of Geo - Information, 2018, 7 (1): 16.

Ma L, Chen M, Che X, et al. Farmers' rural - to - urban migration, influencing factors and development framework: A case study of Sihe village of Gansu, China [J]. International Journal of Environmental Research and Public Health, 2019, 16 (5): 877.

Maxwell J A. Qualitative research design: An interactive approach [M]. London: Sage Publications, 2012.

Mhongera P B, Lombard A. Poverty to more poverty: An evaluation of transition services provided to adolescent girls from two institutions in Zimbabwe [J]. Children and Youth Services Review, 2016, 64: 145 - 154.

Morrissey J W. Understanding the relationship between environmental change and migration: The development of an effects framework based on the case of northern Ethiopia [J]. Global Environmental Change, 2013, 23 (6): 1501 - 1510.

Mteki N, Murayama T, Nishikizawa S. Social impacts induced by a development project in Tanzania: A case of airport expansion [J]. Impact Assessment and Project Appraisal, 2017, 35 (4): 272 - 283.

Patel S, Sliuzas R, Mathur N. The risk of impoverishment in urban development - induced displacement and resettlement in Ahmedabad [J]. Environment and Urbanization, 2015, 27 (1): 231 - 256.

Peng W, Zheng H, Robinson B E, et al. Household livelihood strategy choices, impact factors, and environmental consequences in Miyun reservoir watershed, China [J]. Sustainability, 2017, 9 (2): 175.

Piggott - McKellar A E, Pearson J, McNamara K E, et al. A livelihood analysis of resettlement outcomes: Lessons for climate - induced relocations [J]. Ambio, 2020, 49 (9): 1474 - 1489.

Scoones I. Sustainable Rural Livelihoods: A Framework for Analysis [R]. England: IDS Working Paper, 1998.

Scudder T T. The future of large dams: Dealing with social, environmental, institutional and political costs [M]. Oxford：Taylor & Francis，2012.

Sherraden M W. Assets and the poor：A new American welfare policy [M]. New York：ME Sharpe，1991.

Sok S，Yu X. Adaptation，resilience and sustainable livelihoods in the communities of the Lower Mekong Basin，Cambodia [J]. International Journal of Water Resources Development，2015，31 (4)：575-588.

Stanford R J，Wiryawan B，Bengen D G，et al. Enabling and constraining factors in the livelihoods of poor fishers in West Sumatra，Indonesia [J]. Journal of International Development，2014，26 (5)：731-743.

Steenbergen D J，Clifton J，Visser L E，et al. Understanding influences in policy landscapes for sustainable coastal livelihoods [J]. Marine Policy，2017，82：181-188.

Tong W，Zhang P，Lo K，et al. Age-differentiated impact of land appropriation and resettlement on landless farmers：A case study of Xinghua village，China [J]. Geographical Research，2017，55 (3)：293-304.

Zada M，Shah S J，Yukun C，et al. Impact of small-to-medium size forest enterprises on rural livelihood：Evidence from Khyber-Pakhtunkhwa，Pakistan [J]. Sustainability，2019，11 (10)：2989.

附　　录

附录1：访谈提纲

一、社区干部访谈提纲

1. 社区的规划、建设及搬迁情况；

2. 搬迁前后农户生产生活的变化情况；

3. 社区居民生计发展的做法经验和挑战；

4. 扶贫产业发展情况；

5. 社区贫困家庭劳动力外出务工情况和公益性岗位安置情况；

6. 社区内因病致贫户生产生活情况；

7. 社区社会服务、就业、社会融入、文化活动等情况；

8. 社区集体经济发展情况；

9. 社区组织发展情况；

10. 新冠疫情期间社区保障生计的做法和效果；

11. 对社区农户生计发展的建议。

二、社区组织负责人访谈提纲

1. 社区组织的发展过程和组织构架；

2. 社区组织对农户生计发展的作用；

3. 新冠疫情期间社区组织保障生计的做法；

4. 搬迁前后农户生计资本和生计策略的变化情况；

5. 社区农户生计发展的困难和解决思路。

三、社区搬迁移民访谈提纲

（一）基本情况

1. 家庭基本情况；

2. 搬迁过程及对搬迁的认知和态度；

3. 对社区环境、邻里关系、产业就业、社会服务、生活便利度舒适度等方面的认知和满意度。

（二）生计资本

1. 自然资本变化情况；

2. 物质资本变化情况；

3. 金融资本变化情况；

4. 人力资本变化情况；

5. 社会资本变化情况。

（三）生计风险

1. 生计风险变化情况；

2. 搬迁前后生产生活遇到困难时的求助对象及帮扶效果。

（四）生计发展中的制度安排和组织力量

1. 搬迁后的扶持政策以及政策对自身生计发展的作用；

2. 社区组织对生计发展的作用；

3. 对社区生计安排的建议。

（五）生计策略

1. 搬迁前后家庭生计的安排方式和原因；

2. 搬迁后生计的困难和家庭应对方式。

附录 2：访谈编码表

序号	访谈类型	性别	访谈对象	访谈编号
1	政府部门访谈	男	区易迁办局长 G 某	ZF20211109M2
2	政府部门访谈	男	区 YXP 镇民政办主任 H 某	ZF20211109M3
3	政府部门访谈	男	区袜业办主任 Z 某	ZF20201123M1
4	政府部门访谈	男	区香菇办工作人员 X 某	ZF20201125M1
5	企业访谈	男	B 袜业有限公司财务总监 W 某，约 50 岁	QY20201111M1
6	企业访谈	女	B 袜业有限公司人力助理 Z 某，约 20 岁	QY20201111F1
7	企业访谈	女	C 袜业有限公司扶贫车间主任 L 某，约 30 岁	QY20201111F2
8	企业访谈	男	A 香菇有限公司技术员 Y 某	QY20201113M1
9	企业访谈	男	A 香菇有限公司技术总监 A 某	QY20201113M2
10	企业访谈	男	香菇收购站监理员 X 某	QY20201114M1
11	企业访谈	男	A 香菇有限公司技术员 Z 某	QY20201117M3
12	企业访谈	男	A 香菇有限公司办公室主任 T 某	QY20201120M1
13	社会组织	男	XC 义工协会会长 L 某	ZZ20201118M1
14	社会组织	女	XC 义工协会社工 C 某	ZZ20201118F1
15	社区干部访谈	男	社区书记 W 某，35 岁	SQ20201109M1 SQ20201111M2 SQ20210116M1
16	社区干部访谈	女	社区副书记 W 某，约 50 岁	SQ20201116F7
17	社区干部访谈	男	社区香菇产业协调指挥部主任 Y 某	SQ20201113M3
18	社区物业访谈	男	社区物业公司主管 Z 某，约 30 岁	WY20201112M1
19	社区物业访谈	女	社区物业公司客服主管 W 某，约 21 岁	WY20201112F1
20	社区物业访谈	女	社区物业公司保安，50 岁	WY20201112F2
21	搬迁移民访谈	女	社区专职工作人员 W 某，31 岁	YM20201110F1
22	搬迁移民访谈	女	社区网格员 G 某	YM20201110F2
23	搬迁移民访谈	女	B 袜业有限公司人力主管 Z 某，约 35 岁	YM20201110F3
24	搬迁移民访谈	女	社区专职工作人员 H 某	YM20201110F4

（续）

序号	访谈类型	性别	访谈对象	访谈编号
25	搬迁移民访谈	女	B袜业有限公司工厂包装车间副主任Z某	YM20201111F3
26	搬迁移民访谈	男	社区物业公司工程部维修工Z某，约45岁	YM20201112M2
27	搬迁移民访谈	男	社区物业公司保安Y某，46岁	YM20201112M3
28	搬迁移民访谈	女	社区幼儿园保安Z某，35岁	YM20201112F3
29	搬迁移民访谈	女	C袜业有限公司扶贫车间工人X某，约60岁	YM20201112F4
30	搬迁移民访谈	女	D玩具有限公司扶贫车间工人X某，32岁	YM20201112F5
31	搬迁移民访谈	男	搬迁移民，Y区就近务工	YM20201112M4
32	搬迁移民访谈	女	社区幼儿园老师L某，22岁	YM20201113F1
33	搬迁移民访谈	男	菇农，约50岁	YM20201114M2
34	搬迁移民访谈	女	搬迁移民，28岁	YM20201116F1
35	搬迁移民访谈	女	搬迁移民，43岁	YM20201116F2
36	搬迁移民访谈	女	搬迁移民，约70岁	YM20201116F3
37	搬迁移民访谈	男	搬迁移民，约70岁	YM20201116M1
38	搬迁移民访谈	女	搬迁移民，约70岁	YM20201116F4
39	搬迁移民访谈	女	搬迁移民，47岁	YM20201116F5
40	搬迁移民访谈	女	搬迁移民，约65岁	YM20201116F6
41	搬迁移民访谈	女	搬迁移民，低保家庭	YM20201117F1
42	搬迁移民访谈	男	社区压面店店长，约30岁	YM20201117M1
43	搬迁移民访谈	女	社区理发店店长，约40岁	YM20201117F2
44	搬迁移民访谈	女	社区网格员G某，28岁	YM20201117F3 YM20201125F1
45	搬迁移民访谈	男	搬迁移民，37岁	YM20201117M2
46	搬迁移民访谈	男	社区超市店长Z某，52岁	YM20201119M1
47	搬迁移民访谈	女	D玩具厂公司扶贫车间工人W某，35岁	YM20201119F1
48	搬迁移民访谈	男	菇农，约40岁	YM20201119M2
49	搬迁移民访谈	女	社区网格员X某，35岁	YM20201119F2 YM20201124F1 YM20200401F1
50	搬迁移民访谈	女	社区农贸市场摊位老板	YM20201120F1

（续）

序号	访谈类型	性别	访谈对象	访谈编号
51	搬迁移民访谈	男	社区农贸市场摊位老板	YM20201120M2
52	搬迁移民访谈	女	A 袜业有限公司定型车间统计员，42 岁	YM20201123F1
53	搬迁移民访谈	女	A 袜业有限公司定型车间工人，41 岁	YM20201123F2
54	搬迁移民访谈	女	A 袜业有限公司车间工人（翻袜子），53 岁	YM20201123F3
55	搬迁移民访谈	女	A 袜业有限公司车间工人（缝头工），44 岁	YM20201123F4
56	搬迁移民访谈	女	社区网格员 Z 某	YM20201125F2
57	搬迁移民访谈	女	社区食堂员工 Z 某	YM20201125F3